Original-Prüfungen
Realschule Bayern 2024
Mathematik
WPFG I

erstellt

für Schülerinnen und Schüler
der Realschule Bayern

INKL.
Original-Prüfungen
2 ▶ 23
mit Lösungen

lernverlag®
www.lern-verlag.de

Vorwort

Liebe Schülerinnen, liebe Schüler,
liebe Kolleginnen, liebe Kollegen,

in diesem speziellen Prüfungsvorbereitungsbuch **Original-Prüfungen Realschule Bayern 2024 Mathematik II** nach dem neuen LehrplanPLUS, sind die Original-Prüfungen der letzten Jahre nach Lernbereich sortiert und zusätzlich **mehrere Original-Musterprüfungen** eingefügt. Zu den ausgewählten Prüfungsaufgaben gibt es schülergerechte, lehrplankonforme und ausführliche Lösungen, die für die Schüler leicht verständlich und nachvollziehbar erstellt worden sind.

Hinweise

Die Abschlussprüfung 2024 findet nach Vorgaben des *Bayerischen Staatsministeriums für Unterricht und Kultus* am Montag **24.06.2024** statt und dauert **150 Minuten**.
(Stand 01.09.2023 - Angaben ohne Gewähr)
Als **Hilfsmittel** ist ein elektronischer Taschenrechner und eine Formelsammlung zugelassen.

Neues - Lernplattform kommt

Wir haben eine neue **Lernplattform** eingerichtet, die wir die nächsten Wochen vervollständigen. Hier findet man im gesicherten Mitgliederbereich hilfreiche Erklär- und Lösungsvideos zu vielen Mathe-Themen und zu den Lösungen der Original-Prüfungen. Jetzt bei **https://lern.de** einen Platz sichern. **Zeit- und ortsunabhängig** online für einzelne Arbeiten in der Schule oder den Mittleren Schulabschluss (MSA)/Mittlere Reife 2024 lernen.

Tipps

Fangen Sie rechtzeitig an sich auf die Abschlussprüfung vorzubereiten und arbeiten Sie kontinuierlich alte Prüfungen durch. Wiederholen Sie die einzelnen Prüfungen mehrmals, um die notwendige Sicherheit zu erlangen. **Üben Sie also, so oft Sie können.**

Notenschlüssel

Der Notenschlüssel wird vom *Bayerischen Staatsministerium für Unterricht und Kultus* festgelegt.

Prüfung 2023

oHm=ohne Hilfsmittel
mHm=mit Hilfsmitteln

Teil A oHm	11,5 Pkt.
Teil B1 mHm	5 Pkt.
Teil B2 mHm	4,5 Pkt.
Teil B3 mHm	16,5 Pkt.
Teil B4 mHm	16,5 Pkt.
Gesamt	54 Pkt.

Ein entsprechender Notenschlüssel war zum Buchdruck am 01.09.2023 noch nicht bekannt. Die Punkteverteilung kann sich von Jahr zu Jahr ändern.

Impressum

lern.de Bildungsgesellschaft mbH
Geschäftsführer: Sascha Jankovic
Fürstenrieder Str. 52
80686 München
Amtsgericht München: HRB 205623
E-Mail: kontakt@lern-verlag.de – https://www.lern-verlag.de
lernverlag, lern.de und cleverlag sind eingetragene Marken von Sascha Jankovic, Inhaber und Verleger.
Druck: Deutschland
Lösungen:
Sascha Jankovic, Simon Rümmler und das Team von Pädagogen der lern.de Bildungsgesellschaft mbH
©lern.de, ©lernverlag und ©cleverlag - Alle Rechte vorbehalten.

Danksagung:
Wir danken dem *Bayerischen Staatsministerium für Unterricht und Kultus* für die freundliche Genehmigung, die Original-Prüfungen abdrucken zu dürfen. Die Lösungsvorschläge liegen nicht in der Verantwortung des Ministeriums.

9. ergänzte Auflage ©2023 1. Druck
ISBN-Nummer: 978-3-7430-0104-6
Artikelnummer:
EAN 9783743001046

Aktuelles Rund um die Prüfung 2024 und diesem Buch

Als kleiner Verlag schreiben wir für alle Schüler:innen nachvollziehbare, verständliche und ausführliche Lösungen zu den Original-Prüfungen und versuchen unsere Titel auch während des Schuljahres immer aktuell zu halten. Da wir seit über 20 Jahren individuelle Lernförderung durchführen, stehen bei uns alle Schüler:innen an erster Stelle, wenn es um Fragen rund um das Buch, Verständnisprobleme bei dem ein oder anderen Thema oder Wünsche geht.

Egal ob es um übersehene Rechtschreibfehler, Rechenfehler oder auch Wünsche von Lehrer:innen oder Schüler:innen geht, wir setzen uns sofort hin und versuchen Gewünschtes umzusetzen. Es kostet niemanden etwas, und alle profitieren davon, auch wenn wir Mehrarbeit durch diesen kostenlosen Service haben.

Wir erreichen Sie uns am besten?

Schreiben Sie uns eine E-Mail an **kontakt@lern-verlag.de**

Schreiben Sie uns eine Nachricht, schicken Sie ein Foto von der betroffenen Seite. Wir prüfen, ändern und veröffentlichen bei Bedarf im kostenlosen Downloadbereich des lernverlags die durchgeführten Änderungen.

WhatsApp-Business
+49 89 54 64 52 00

Sie können uns gerne unter der selben Nummer anrufen.

Digitales zu diesem Buch

Unter **https://lern.de** bauen wir gerade eine Lernplattform auf.

Du suchst ein Video über quadratische Funktionen oder die Berechnung von Winkeln in rechtwinkligen Dreiecken und bekommst aktuell auf anderen Plattformen 50 Videos angezeigt mit unterschiedlichen Erklärungen? Das soll sich ändern. Ein Begriff und maximal 3 Videos, die zusammenhängen, sollen angezeigt werden.

Wir arbeiten unter Hochdruck daran, kurze animierte Erklärvideos, passend zum Unterrichtsstoff und „ON-TOP" Lösungsvideos zu den Original-Prüfungen zu erstellen.

Schau öfters einmal vorbei oder melde dich am besten zu unserem **Newsletter** an, der **maximal zweimal pro Monat** verschickt wird.

Änderungen in dieser Neuauflage 2023/2024 - ISBN: 978-3-7430-0104-6

- Auteilung Prüfungstrainer nach Lernbereichen überprüft und nachgebessert.

- Musterprüfungen 2022 mit ausführlichen Lösungen ein wenig nachgebessert.

- **Original-Prüfung 2023 inkl. ausführlichen Lösungen eingefügt.**

Inhaltsverzeichnis

S. 46
S. 84
? ? ?
S. 126
S. 136
+ 146

Stoffübersicht der Abschlussprüfungen
Realschule Bayern Mathematik I

1 Funktionen

Allgemeine Lösungsansätze:

Nullstellen berechnen: Funktionsterm gleich Null setzen und Gleichung nach x umformen, z. B.
$$2x + 1 = 0 \quad \Longleftrightarrow \quad x = -0,5 \quad \Longrightarrow \quad \text{Nst. } N(-0,5\,|\,0)$$

Schnittpunkte berechnen: Gleichsetzen der beiden Funktionsterme und lösen der Gleichung nach x. Anschließend den berechneten x-Wert in einen der beiden Funktionsterme einsetzen: z. B.
$$2x + 1 = 0,5x - 2 \quad \Longleftrightarrow \quad x = -2 \quad \Longrightarrow \quad y = 2 \cdot (-2) + 1 = -3$$
$$\Longrightarrow \text{Schnittpunkt } SP(-2\,|\,-3)$$

1.1 Lineare Funktionen

Der Graph einer linearen Funktion ist eine Gerade. Zu jedem x-Wert existiert genau ein einziger y-Wert und umgekehrt.
In der folgenden Übersicht werden alle notwendigen Formeln dargestellt.

Die allgemeine Form: $ax + by = c$ $\qquad a, c \in \mathbb{R}; \quad b \in \mathbb{R}\setminus\{0\}$

Die Normalform: $y = mx + t$ $\qquad$ Der **y-Achsenabschnitt t** ist der Schnittpunkt mit der
$m, t \in \mathbb{R}$ $\qquad$ y-Achse; $x = 0$.

Parallele Geraden $\qquad\qquad$ Der **Steigungsfaktor m**
$g_1 \parallel g_2 \Longleftrightarrow m_1 = m_2$ $\qquad$ $m = \dfrac{y_2 - y_1}{x_2 - x_1} = \tan\alpha$
$\qquad\qquad\qquad\qquad\qquad$ wobei $P_1(x_1\,|\,y_1)$ und $P_2(x_2\,|\,y_2)$ zwei beliebige (aber verschiedene) Punkte auf der Geraden sind.

Senkrechte (orthogonale) Geraden
$g_1 \perp g_2 \Longleftrightarrow m_1 \cdot m_2 = -1$
Die Geraden g_1 und g_2 stehen im rechten Winkel zueinander.

Abszisse:
Die x-Koordinate eines Punktes;
Auch: x-Achse

Ordinate:
Die y-Koordinate eines Punktes;
Auch: y-Achse

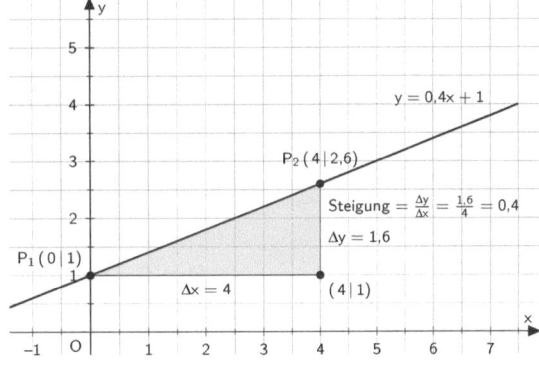

1.2 Quadratische Funktionen

Der Graph einer quadratischen Funktion ist eine Parabel. Dabei existiert eine Symmetrieachse, die durch den Scheitelpunkt der Parabel geht.

Die allgemeine Form: $y = ax^2 + bx + c$ $b, c \in \mathbb{R}$ $a \in \mathbb{R}\setminus\{0\}$

Die Normalparabel ($a = 1$): $y = x^2 + bx + c$ bzw. $y = x^2 + px + q$.

Scheitelpunkt: $S(x_S \mid y_S)$ $S\left(-\dfrac{b}{2a} \mid c - \dfrac{b^2}{4a}\right)$ bzw. $S\left(-\dfrac{p}{2} \mid q - \dfrac{p^2}{4}\right)$

Scheitelpunktform: $y = a(x - x_S)^2 + y_S$ $a \in \mathbb{R}\setminus\{0\}$

Die Parameter a, b und c haben folgende Bedeutung:

Parameter	Bedingung	Bedeutung
a	$a \in \mathbb{R}\setminus\{0\}$	Falls $a > 0$: nach oben geöffnete Parabel, mit Minimum Falls $a < 0$: nach unten geöffnete Parabel, mit Maximum Falls $\lvert a \rvert > 1$: gestreckte Parabel (schmaler als Normalparabel) Falls $\lvert a \rvert < 1$: gestauchte Parabel (breiter als Normalparabel)
b	$b \in \mathbb{R}$	Steigung, mit der die Parabel die y-Achse schneidet
c	$c \in \mathbb{R}$	Schnittpunkt der Parabel mit der y-Achse „y-Achsenabschnitt"

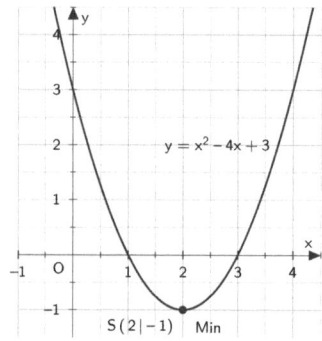 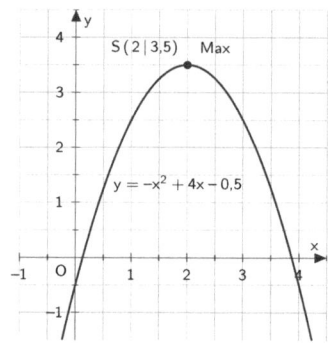

Lösen von quadratischen Gleichungen - Nullstellen berechnen

Lösungsformel: $x_{1,2} = \dfrac{-b \pm \sqrt{b^2 - 4ac}}{2a}$ bzw. $x_{1,2} = -\dfrac{p}{2} \pm \sqrt{\left(\dfrac{p}{2}\right)^2 - q}$

Diskriminante D: $D = b^2 - 4ac$ bzw. $D = \left(\dfrac{p}{2}\right)^2 - q$

Es gilt: $D > 0$: Zwei Lösungen
                    $D = 0$: Eine Lösung
                    $D < 0$: Keine Lösung

Beim Lösen einer quadratischen Gleichung haben sich folgende Schritte bewährt:

    1. Schritt: a, b und c neben der gegeben Funktion untereinander schreiben.
    2. Schritt: Berechnen der Diskriminante.
    3. Schritt: Einfügen aller Zahlen in die Lösungsformel.

Quadratische Funktionen bestimmen

Oft muss eine quadratische Funktion mithilfe gegebener Punkte bestimmt werden. Hierbei müssen die Parameter a, b und c berechnet werden.
Für drei unbekannte Parameter benötigt man

- *drei verschiedene Punkte, die alle auf der Parabel liegen* **oder**
- *den Scheitelpunkt und einen anderen Punkt auf der Parabel*

Sind zusätzliche Informationen gegeben, benötigt man entsprechend weniger Punkte auf der Parabel. Zusätzliche Informationen können z. B. sein:

- Normalparabel $(a = 1)$
- der y-Achsenabschnitt (z. B. $c = 2$)

Mit den gegeben Informationen gilt es ein Gleichungssystem aufzustellen und zu lösen.

1.3 Logarithmus- und Exponentialfunkion

Die am häufigsten vorkommenden Funktionen sind die Logarithmus- und die Exponentialfunktion. Die Logarithmusfunktion ist die Umkehrfunktionen der Exponentialfunktion und umgekehrt.

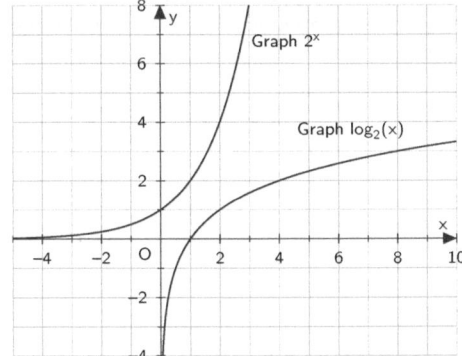

Die allgemeine Funktionsgleichung der **Exponentialfunktion** lautet für
$k \in \mathbb{R}\setminus\{0\}$, $a \in \mathbb{R}^{+}\setminus\{1\}$ und $b, c \in \mathbb{R}$:

$$y = k \cdot a^{x-b} + c \quad \text{mit}$$
$$\mathbb{D} = \mathbb{R}$$
$$\text{falls } k > 0: \quad \mathbb{W} = \{y \mid y \in \mathbb{R} \text{ und } y > c\}$$
$$\text{falls } k < 0: \quad \mathbb{W} = \{y \mid y \in \mathbb{R} \text{ und } y < c\}$$

Die Parameter k, a, b und c haben folgende Bedeutung:

Parameter	Bedingung	Bedeutung
k	$k \in \mathbb{R}\setminus\{0\}$	Streckfaktor; $P(0 \mid k + c)$ liegt auf Graph Falls k negativ: Spiegelung an x-Achse
a	$a \in \mathbb{R}^{+}\setminus\{1\}$	Falls $a > 1$: monoton Steigend Falls $a < 1$: monoton fallend
b	$b \in \mathbb{R}$	Verschiebung in x-Richtung Für $b > 0$: Verschiebung nach rechts Für $b < 0$: Verschiebung nach links
c	$c \in \mathbb{R}$	Verschiebung in y-Richtung

Die Asymptote ist stets eine Parallele zur x-Achse mit der Gleichung $y = c$.

Die allgemeine Funktionsgleichung der **Logarithmusfunktion** lautet für $k \in \mathbb{R}\setminus\{0\}$, $a \in \mathbb{R}^{+}\setminus\{1\}$ und $b, c \in \mathbb{R}$:

$$y = k \cdot \log_a(x - b) + c$$
$$\mathbb{D} = \{x \mid x > b\}$$
$$\mathbb{W} = \mathbb{R}$$

Die Parameter k, a, b und c haben folgende Bedeutung:

Parameter	Bedingung	Bedeutung
k	$k \in \mathbb{R} \setminus \{0\}$	Streckfaktor: Stauchung oder Streckung in y-Richtung Falls k negativ: Spiegelung an x-Achse
a	$a \in \mathbb{R}^+ \setminus \{1\}$	Falls $a > 1$: monoton Steigend Falls $a < 1$: monoton fallend
b	$b \in \mathbb{R}$	Verschiebung in x-Richtung Für $b > 0$: Verschiebung nach rechts Für $b < 0$: Verschiebung nach links
c	$c \in \mathbb{R}$	Verschiebung in y-Richtung

1.4 Abbildungen

Abbildungen lassen sich in zwei Kategorien einordnen: Kongruenz- und Ähnlichkeitsabbildungen. Jede Kongruenzabbildung ist auch eine Ähnlichkeitsabbildung. Anders ausgedrückt: Eine Kongruenzabbdildung ist eine spezielle Ähnlichkeitsabbildung. Deshalb gelten alle Eigenschaften einer Ähnlichkeitsabbildung auch für eine Kongruenzabbildung. Beide Abbildungsarten sind

- geradentreu
- parallelentreu
- mittelpunktstreu
- kreistreu
- winkelmaßtreu
- streckenverhältnistreu

Zusätzliche Eigenschaften der Kongruenzabbildung

- streckenlängentreu
- flächeninhaltstreu
- „umlaufsinntreu" (außer Achsenspiegelung)

Eigenschaft	Bedeutung
Geradentreue	Jede Gerade wird wieder auf eine Gerade abgebildet
Paralellentreue	Parallelität bleibt erhalten
Mittelpunkstreue	Mittelpunkte bleiben Mittelpunkte
Kreistreue	Jeder Kreis wird wieder auf einen Kreis abgebildet
Winkelmaßtreue	Winkelmaße werden nicht verändert
Streckenlängentreue	Streckenlängen bleiben erhalten
Flächeninhaltstreue	Flächeninhalte werden nicht verändert
„Umlaufsinntreue"	Der Umlaufsinn bleibt gleich
Streckenverhältnistreue	Das Längenverhältnis zweier Strecken bleibt unverändert

Übersicht über die Zugehörigkeit der einzelnen Abbildungen:

Ähnlichkeitsabbildung	**Kongruenzabbildung**	
• Zentrische Streckung	• Punktspiegelung	• Achsenspiegelung
• Kongruenzabbildung	• Drehung	• Parallelverschiebung
• jede Verknüpfung davon	• jede Verknüpfung davon	

Alle Abbildungsgleichungen können immer in der Matrixform angegeben und berechnet werden:

$$\begin{pmatrix} x' \\ y' \end{pmatrix} = \begin{pmatrix} a & b \\ c & d \end{pmatrix} \odot \begin{pmatrix} x \\ y \end{pmatrix} \oplus \begin{pmatrix} v_x \\ v_y \end{pmatrix}$$

$$x' = ax + by + v_x$$
$$y' = cx + dy + v_y$$

Matrixform — dazu äquivalente Koordinatenform

Der Vektor $\begin{pmatrix} x \\ y \end{pmatrix}$ stellt die Koordinaten der anfänglichen Situation dar. Der Vektor $\begin{pmatrix} x' \\ y' \end{pmatrix}$ beinhaltet die Koordinaten nach der Abbildung. Die Matrix $\begin{pmatrix} a & b \\ c & d \end{pmatrix}$ beinhaltet die abbildungsspezifischen Koeffizienten; der Vektor $\begin{pmatrix} v_x \\ v_y \end{pmatrix}$ gehört ebenfalls zur jeweiligen Abbildung.

Übersicht der Abbildungen mit zugehörigen Abbildungsgleichungen:

Zentrische Streckung
Zentrum $Z(x_Z \mid y_Z)$, Streckungsfaktor $k \in \mathbb{R}\setminus\{0\}$

$$\begin{pmatrix} x' \\ y' \end{pmatrix} = \begin{pmatrix} k & 0 \\ 0 & k \end{pmatrix} \odot \begin{pmatrix} x \\ y \end{pmatrix} \oplus (1-k)\begin{pmatrix} x_Z \\ y_Z \end{pmatrix}$$

$$x' = kx + (1-k)x_Z$$
$$y' = ky + (1-k)y_Z$$

Matrixform — Koordinatenform

Drehung
Drehzentrum $Z(x_Z \mid y_Z)$, Drehwinkelmaß α

$$\begin{pmatrix} x' \\ y' \end{pmatrix} = \begin{pmatrix} \cos\alpha & -\sin\alpha \\ \sin\alpha & \cos\alpha \end{pmatrix} \odot \begin{pmatrix} x - x_z \\ y - y_z \end{pmatrix} \oplus \begin{pmatrix} x_Z \\ y_Z \end{pmatrix}$$

$$x' = \cos\alpha \cdot (x - x_z) - \sin\alpha \cdot (y - y_z) + x_Z$$
$$y' = \sin\alpha \cdot (x - x_z) + \cos\alpha \cdot (y - y_z) + y_Z$$

Matrixform — Koordinatenform

Punktspiegelung
Eine Punktspiegelung ist eine Drehung mit dem Drehwinkelmaß $\alpha = 180°$.

Achsenspiegelung
Spiegelachse a: $y = mx$ (Ursprungsgerade) wobei $m = \tan\alpha$ gilt und α der Winkel zwischen x-Achse und Spiegelachse ist.

$$\begin{pmatrix} x' \\ y' \end{pmatrix} = \begin{pmatrix} \cos 2\alpha & \sin 2\alpha \\ \sin 2\alpha & -\cos 2\alpha \end{pmatrix} \odot \begin{pmatrix} x \\ y \end{pmatrix}$$

$$x' = \cos 2\alpha \cdot x + \sin 2\alpha \cdot y$$
$$y' = \sin 2\alpha \cdot x - \cos 2\alpha \cdot y$$

Matrixform — Koordinatenform

Parallelverschiebung
Verschiebungsvektor $v = \begin{pmatrix} v_x \\ v_y \end{pmatrix}$

$$\begin{pmatrix} x' \\ y' \end{pmatrix} = \begin{pmatrix} 1 & 0 \\ 0 & 1 \end{pmatrix} \odot \begin{pmatrix} x \\ y \end{pmatrix} \oplus \begin{pmatrix} v_x \\ v_y \end{pmatrix}$$

$$x' = x + v_x$$
$$y' = y + v_y$$

Matrixform — Koordinatenform

Orthogonale Affinität

Diese Abbildung ist keine Ähnlichkeitsabbildung. Dennoch ist sie zumindest *geradentreu, parallelentreu, mittelpunktstreu* und für einen Affinitätsmaßstab k > 0 auch „*umlaufsinntreu*".

Affinitäsachse a: y = 0, Affinitätsmaßstab $k \in \mathbb{R} \setminus \{0\}$

$$\begin{pmatrix} x' \\ y' \end{pmatrix} = \begin{pmatrix} 1 & 0 \\ 0 & k \end{pmatrix} \odot \begin{pmatrix} x \\ y \end{pmatrix}$$

Matrixform

$$x' = x$$
$$y' = ky$$

Koordinatenform

Werden verschiedene Abbildungen hintereinander ausgeführt, so berechnet man zuerst $\begin{pmatrix} x' \\ y' \end{pmatrix}$ der einen Abbildung und dann ausgehend von $\begin{pmatrix} x' \\ y' \end{pmatrix}$ die Koordinaten nach der zweiten Abbildung $\begin{pmatrix} x'' \\ y'' \end{pmatrix}$ usw.
Ist in einer Aufgabe eine Funktion gegeben, deren Graph bereits aus verschiedenen Abbildungen hervorgegangen ist, so berechnet man die ursprüngliche Funktion, indem man die Abbildungen von hinten her „herausrechnet".

Nachfolgend finden sich **Beispielrechnungen** der gängigsten Abbildungstypen.
In allen Beispielen wird die Funktion $y = \log_2(x + 8)$ mit $\mathbb{G} = \mathbb{R} \times \mathbb{R}$ abgebildet. Für y gilt: $\mathbb{D} = \{x \mid x > -8\}$ mit $x \in \mathbb{R}$ und $\mathbb{W} = \mathbb{R}$.

Drehung

Bsp. 1.4.1 Drehung der Funktion y um den Punkt O (0 | 0) mit dem Drehwinkelmaß $\alpha = -90°$.

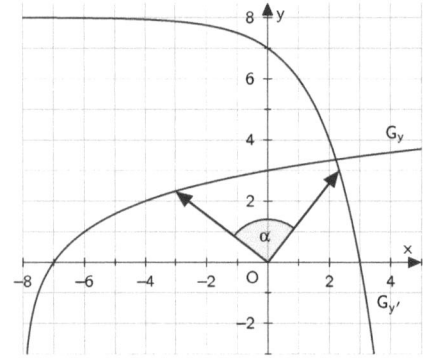

Zuerst ordnet man einem Punkt (z. B. A) die Koordinaten der Funktion y zu: $A(x \mid \log_2(x + 8))$. Die abgebildete Funktion y′ wird einem zweiten Punkt (z. B. B) zugeordnet: $B(x' \mid y')$. Dann wird die Drehung wie folgt beschrieben: $\overrightarrow{OA} \xmapsto{O(0\,|\,0);\alpha=-90°} \overrightarrow{OB}$. Mit der Matrixform ergibt sich folgende Rechnung:

$$\begin{pmatrix} x' \\ y' \end{pmatrix} = \begin{pmatrix} \cos(-90°) & -\sin(-90°) \\ \sin(-90°) & \cos(-90°) \end{pmatrix} \odot \begin{pmatrix} x \\ \log_2(x+8) \end{pmatrix} + \begin{pmatrix} 0 \\ 0 \end{pmatrix}$$

$$\iff \begin{pmatrix} x' \\ y' \end{pmatrix} = \begin{pmatrix} 0 & 1 \\ -1 & 0 \end{pmatrix} \odot \begin{pmatrix} x \\ \log_2(x+8) \end{pmatrix}$$

$$\iff \begin{pmatrix} x' \\ y' \end{pmatrix} = \begin{pmatrix} \log_2(x+8) \\ -x \end{pmatrix}$$

Somit sind die Koordinaten von $B(\log_2(x + 8) \mid -x)$.

Um y′ zu bestimmen (Trägergraphen berechnen), betrachtet man nun das folgende Gleichungssystem:

$$x' = \log_2(x + 8)$$
$$\wedge \quad y' = -x$$

Umformen der ersten Gleichung nach x:

$$x' = \log_2(x + 8) \qquad | \exp(\,)$$
$$\iff \quad 2^{x'} = x + 8 \qquad | - 8$$
$$\iff \quad x = 2^{x'} - 8$$

Einsetzen von x in die zweite Gleichung ergibt die gedrehte Funktion: $y' = -2^{x'} + 8$.

Achsenspiegelung

Bsp. 1.4.2   Spiegelung der Funktion y an der x-Achse, d. h. $\alpha = 0°$.

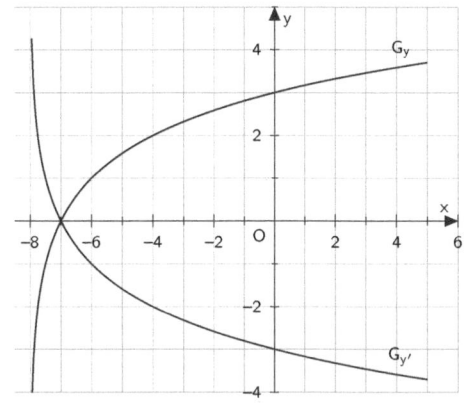

Vorgehen wie bei Drehung. In Matrixform einsetzen:

$$\begin{pmatrix} x' \\ y' \end{pmatrix} = \begin{pmatrix} \cos(2\cdot 0°) & \sin(2\cdot 0°) \\ \sin(2\cdot 0°) & -\cos(2\cdot 0°=) \end{pmatrix} \odot \begin{pmatrix} x \\ \log_2(x+8) \end{pmatrix}$$

$$\Longleftrightarrow \qquad \begin{pmatrix} x' \\ y' \end{pmatrix} = \begin{pmatrix} 1 & 0 \\ 0 & -1 \end{pmatrix} \odot \begin{pmatrix} x \\ \log_2(x+8) \end{pmatrix}$$

$$\Longleftrightarrow \qquad \begin{pmatrix} x' \\ y' \end{pmatrix} = \begin{pmatrix} x \\ -\log_2(x+8) \end{pmatrix}$$

Da $x' = x$ ist, kann die Funktion y' sofort abgelesen werden: $y' = -\log_2(x + 8)$.

Parallelverschiebung

Bsp. 1.4.3   Die Funktion y wird um den Vektor $v = \begin{pmatrix} 5 \\ 3 \end{pmatrix}$ verschoben.

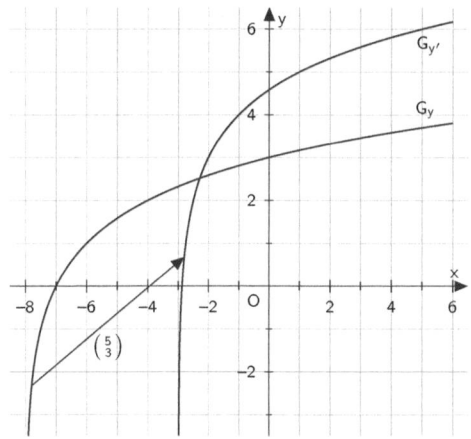

Es gilt wieder durch Einsetzen in die Matrixform:

$$\begin{pmatrix} x' \\ y' \end{pmatrix} = \begin{pmatrix} 1 & 0 \\ 0 & 1 \end{pmatrix} \odot \begin{pmatrix} x \\ \log_2(x+8) \end{pmatrix} \oplus \begin{pmatrix} 5 \\ 3 \end{pmatrix}$$

$$\Longleftrightarrow \qquad \begin{pmatrix} x' \\ y' \end{pmatrix} = \begin{pmatrix} x \\ \log_2(x+8) \end{pmatrix} \oplus \begin{pmatrix} 5 \\ 3 \end{pmatrix}$$

$$\Longleftrightarrow \qquad \begin{pmatrix} x' \\ y' \end{pmatrix} = \begin{pmatrix} x+5 \\ \log_2(x+8)+3 \end{pmatrix}$$

Durch lösen des folgenden Gleichungssystem ergibt sich die verschobene Funktion y':

$$x' = x + 5$$
$$\wedge \qquad y' = \log_2(x + 8) + 3$$

Umformen der ersten Gleichung nach x:

$$x = x' - 5$$

Einsetzen von x in die zweite Gleichung:

$$y' = \log_2(x' - 5 + 8) + 3$$
$$\Longleftrightarrow \qquad y' = \log_2(x' + 3) + 3$$

Orthogonale Affinität

Bsp. 1.4.4   Die Funktion y wird durch ortognale Affinität mit der x-Achse als Affinitätsachse und dem Affinitsmaßstab $k = -2$ auf die Funktion y' abgebildet.

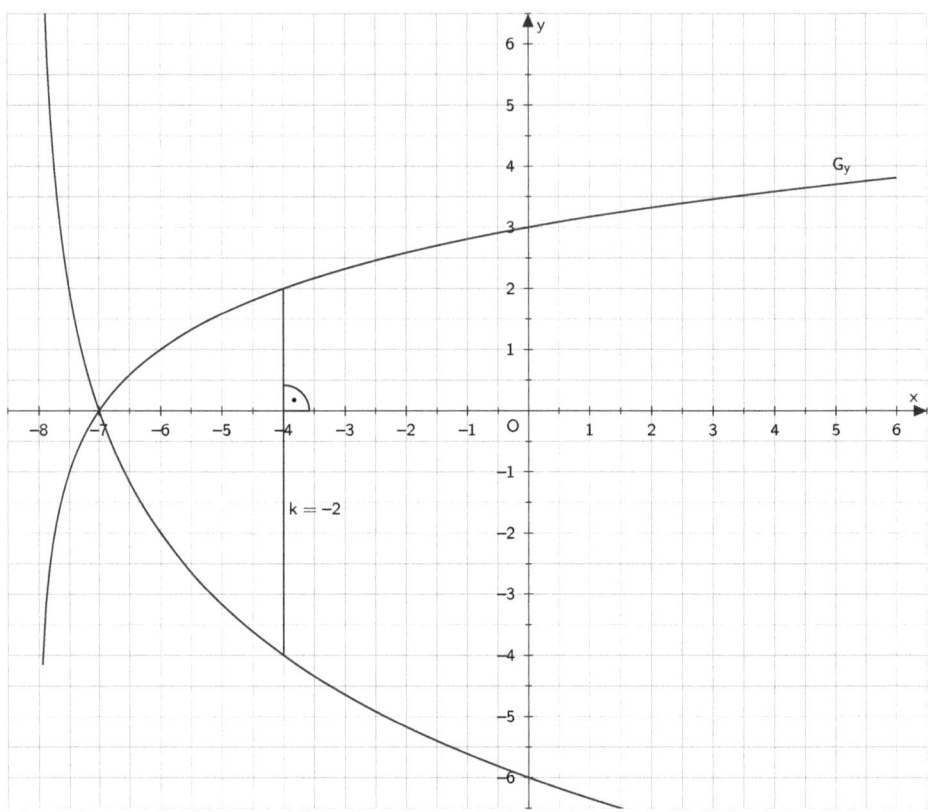

Einsetzen in die Matrixdarstellung ergibt:

$$\binom{x'}{y'} = \begin{pmatrix} 1 & 0 \\ 0 & -2 \end{pmatrix} \odot \binom{x}{\log_2(x+8)}$$

$$\Longleftrightarrow \quad \binom{x'}{y'} = \binom{x}{-2 \cdot \log_2(x+8)}$$

Da $x' = x$ ist, kann die Funktion y' sofort abgelesen werden: $y' = -2\log_2(x+8)$.

2 Ebene Geometrie

2.1 Punkte und Vektoren

$A(x_A \mid y_A)$ Punkt A mit Koordinaten x_A (Abszisse) und y_A (Ordinate)

$B(x_B \mid y_B)$ Punkt B mit Koordinaten x_B (Abszisse) und y_B (Ordinate)

$\overrightarrow{OA} = \begin{pmatrix} x_A \\ y_A \end{pmatrix}$ Ortspfeil von A (Pfeil von Ursprung O zum Punkt A)

$\overrightarrow{AB} = \begin{pmatrix} x_B - x_A \\ y_B - y_B \end{pmatrix}$ Pfeil $\overrightarrow{AB}$: Spitze (Punkt B) minus Fuß (Punkt A)

Betrag („Pfeillänge") eines Vektors:

$$\overrightarrow{v} = \begin{pmatrix} x \\ y \end{pmatrix} \implies |\overrightarrow{v}| = \sqrt{x^2 + y^2} \text{ LE}$$

Skalarprodukt von $\overrightarrow{a} = \begin{pmatrix} x_a \\ y_a \end{pmatrix}$ und $\overrightarrow{b} = \begin{pmatrix} x_b \\ y_b \end{pmatrix}$:

$$\overrightarrow{a} \odot \overrightarrow{b} = |\overrightarrow{a}| \cdot |\overrightarrow{b}| \cdot \cos\alpha \quad \text{oder:}$$

$$\begin{pmatrix} x_a \\ y_a \end{pmatrix} \odot \begin{pmatrix} x_b \\ y_b \end{pmatrix} = x_a \cdot x_b + y_a \cdot y_b$$

Spezialfall: $\alpha = 90° \implies \overrightarrow{a} \odot \overrightarrow{b} = 0$

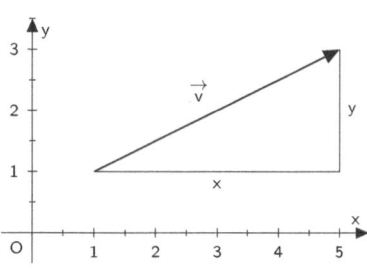

2.2 Ebene Figuren

Dreieck

Flächeninhalt: $A = \dfrac{1}{2} \cdot a \cdot h_a = \dfrac{1}{2} \cdot b \cdot h_b = \dfrac{1}{2} \cdot c \cdot h_c$

$$A = \frac{1}{2} \cdot a \cdot b \cdot \sin\gamma = \frac{1}{2} \cdot b \cdot c \cdot \sin\alpha =$$

$$A = \frac{1}{2} \cdot c \cdot a \cdot \sin\beta$$

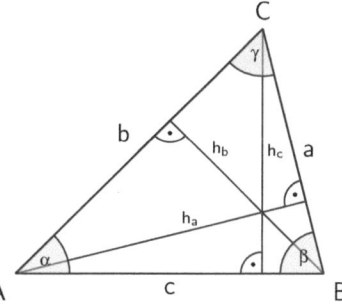

Flächeninhalt im Kartesischen Koordinatensystem:

Zwei Vektoren mit gemeinsamen Fußpunkt, z. B. $\overrightarrow{AB} = \overrightarrow{c} = \begin{pmatrix} x_c \\ y_c \end{pmatrix}$ und $\overrightarrow{AC} = \overrightarrow{b} = \begin{pmatrix} x_b \\ y_b \end{pmatrix}$

Drehsinn: gegen den Uhrzeigersinn: $\implies A = \dfrac{1}{2} \cdot \begin{vmatrix} x_c & x_b \\ y_c & y_b \end{vmatrix} = \dfrac{1}{2} \cdot (x_c \cdot y_b - x_b \cdot y_c)$

Sonderfälle:

Gleichschenkliges Dreieck	*Gleichseitiges Dreieck*	*Rechtwinkliges Dreieck*
Zwei gleichlange Schenkel	Alle drei Seiten sind gleich lang	Ein rechter Winkel existiert, gegenüberliegende Seite: Hypotenuse, andere Seiten: Katheten

Satz des Pythagoras: $a^2 + b^2 = c^2$ (rechtwinkliges Dreieck mit Katheten a, b und Hypotenuse c)

Rechteck

Es gilt: $a = c$, $b = d$,

$\alpha = \beta = \gamma = \delta = 90°$,

$e = f = \sqrt{a^2 + b^2}$

Umfang: $U = 2 \cdot (a + b)$

Flächeninhalt: $A = a \cdot b$

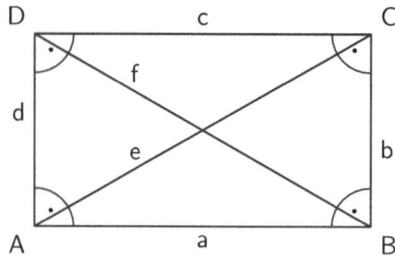

Quadrat

Es gilt: $a = b = c = d$,

$\alpha = \beta = \gamma = \delta = 90°$,

$e = f = a\sqrt{2}$

Umfang: $U = 4 \cdot a$

Flächeninhalt: $A = a^2$

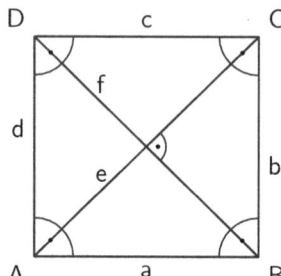

Parallelogramm

Es gilt: $a = c$, $b = d$ und $\alpha = \gamma$, $\beta = \delta$

Umfang: $U = 2 \cdot (a + b)$

Flächeninhalt: $A = a \cdot h_a = b \cdot h_b$

Flächeninhalt im Kartesischen Koordinatensystem:

Zwei Vektoren mit gemeinsamen Fußpunkt, z. B.

$\overrightarrow{AB} = \vec{a} = \begin{pmatrix} x_a \\ y_a \end{pmatrix}$ und $\overrightarrow{AD} = \vec{d} = \begin{pmatrix} x_d \\ y_d \end{pmatrix}$,

Drehsinn: gegen den Uhrzeigersinn: $\implies$ $A = \begin{vmatrix} x_a & x_d \\ y_a & y_d \end{vmatrix} = x_a \cdot y_d - x_d \cdot y_a$

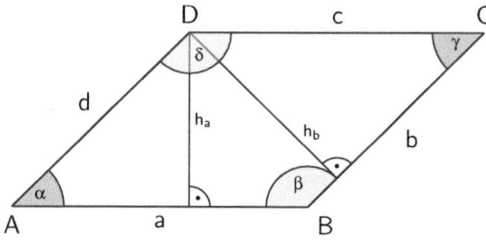

Raute

Es gilt: $a = b = c = d$ und $\alpha = \gamma$, $\beta = \delta$

Umfang: $U = 4 \cdot a$

Flächeninhalt: $A = \dfrac{1}{2} \cdot e \cdot f$

Flächeninhalt im Kartesischen Koordinatensystem: Genau wie bei Parallelogramm, siehe oben.

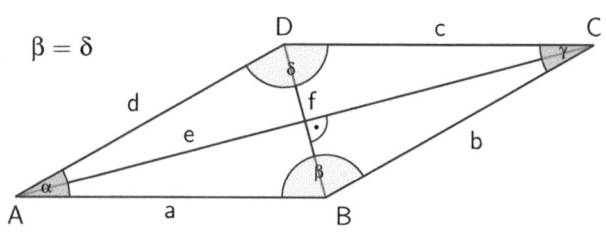

Trapez

Es gilt: $[AB] \parallel [CD]$

Umfang: $U = a + b + c + d$

Mittellinie: $m = \dfrac{a + c}{2}$

Flächeninhalt: $A = m \cdot h$

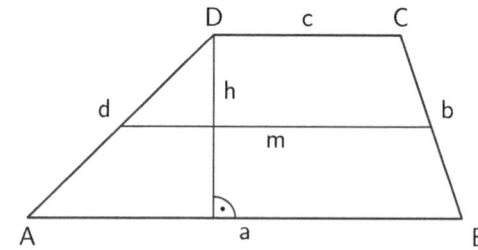

Gleichschenkliges Trapez

Es gilt: $[AB] \parallel [CD]$, $\quad b = d$, $\quad e = f$

und $\alpha = \beta$, $\quad \gamma = \delta$

Umfang: $U = a + 2b + c$

Mittellinie: $m = \dfrac{a + c}{2}$

Flächeninhalt: $A = m \cdot h$

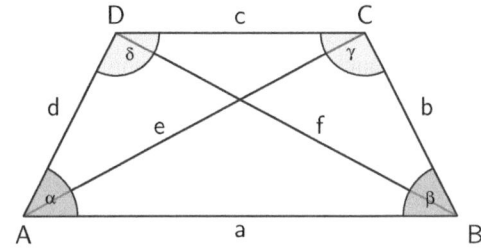

2.3 Trigonometrie

Sei $P(x_P \mid y_P)$ ein Punkt auf dem Einheitskreis (Radius $= 1$).
Man definiert:

$$\cos \alpha = x_P \quad \sin \alpha = y_P \quad \tan \alpha = \frac{\sin \alpha}{\cos \alpha}$$

Es gilt: $\sin^2 \alpha + \cos^2 \alpha = 1$

Die Gerade OP hat die Steigung: $m = \tan \alpha$

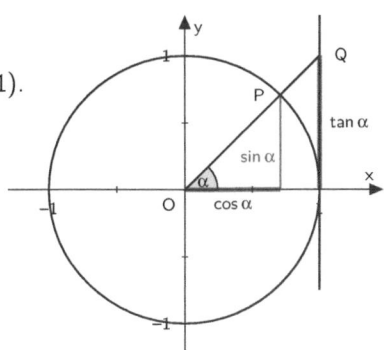

Quadrantenregel

Für $0° < \alpha < 90°$ gilt:

$\sin(180° - \alpha) = +\sin \alpha$	$\cos(180° - \alpha) = -\cos \alpha$	$\tan(180° - \alpha) = -\tan \alpha$
$\sin(180° + \alpha) = -\sin \alpha$	$\cos(180° + \alpha) = -\cos \alpha$	$\tan(180° + \alpha) = +\tan \alpha$
$\sin(360° - \alpha) = -\sin \alpha$	$\cos(360° - \alpha) = +\cos \alpha$	$\tan(360° - \alpha) = -\tan \alpha$

Im rechtwinkligen Dreieck gelten die Formeln:

$$\sin \alpha = \frac{|\text{Gegenkathete}|}{|\text{Hypotenuse}|} \qquad \cos \alpha = \frac{|\text{Ankathete}|}{|\text{Hypotenuse}|} \qquad \tan \alpha = \frac{|\text{Gegenkathete}|}{|\text{Ankathete}|}$$

Im beliebigen Dreieck gilt:

Sinussatz für $\alpha, \beta, \gamma \in \,]0°; \,180°[$

$$\frac{\sin \alpha}{a} = \frac{\sin \beta}{b} \qquad \frac{\sin \alpha}{a} = \frac{\sin \gamma}{c} \qquad \frac{\sin \beta}{b} = \frac{\sin \gamma}{c}$$

Kosinussatz für $\alpha, \beta, \gamma \in \,]0°; \,180°[$

$a^2 = b^2 + c^2 - 2bc \cdot \cos \alpha$

$b^2 = a^2 + c^2 - 2ac \cdot \cos \beta$

$c^2 = a^2 + b^2 - 2ab \cdot \cos \gamma$

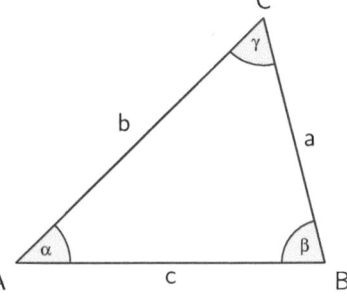

2.4 Vierstreckensatz

Der Vierstreckensatz (auch Strahlensatz genannt) wird zur Berechnung von Streckenlängen verwendet. Damit der Vierstreckensatz angewendet werden kann, muss folgende Ausgangssituation gegeben sein: Ein zentrisch gestrecktes Dreieck:

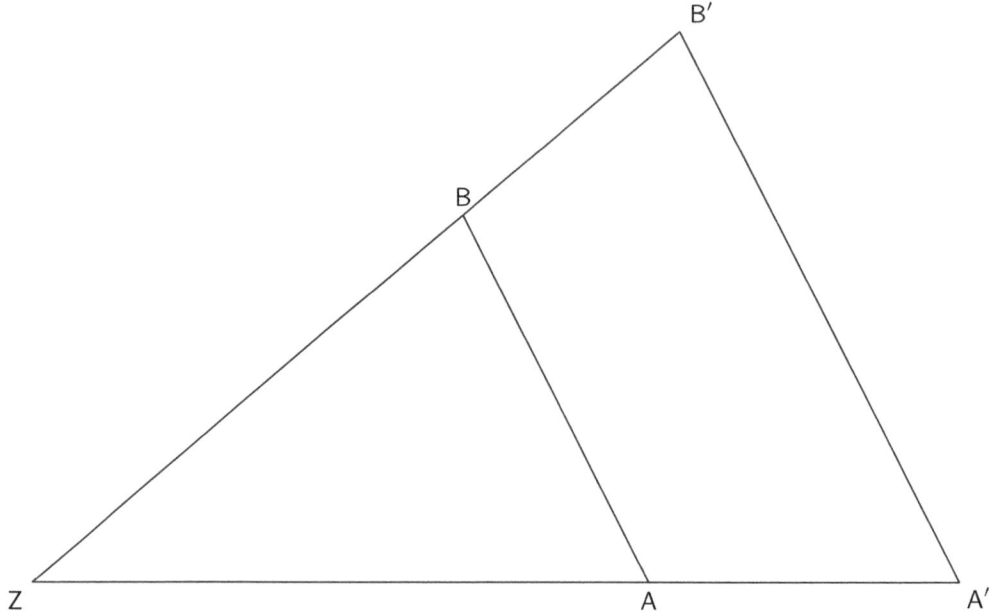

Das Dreieck ZAB wurde durch zentrische Streckung mit dem Zentrum Z auf das Dreieck ZA′B′ abgebildet. Der Streckungsfaktor spielt hierbei keine Rolle, auch die zentrische Streckung ist hierbei nicht wesentlich. Die Ausgangssituation kann sich auch einfach so vorgestellt werden:
Einem Dreieck ZA′B′ *wird eine zu* [A′B′] *parallele Strecke* [AB] *einbeschrieben, also* [A′B′] ∥ [AB].

Dann gelten nach dem Vierstreckensatz folgende Längenverhältnisse:

$$\frac{\overline{ZA}}{\overline{AA'}} = \frac{\overline{ZB}}{\overline{BB'}} \qquad\qquad \frac{\overline{ZA}}{\overline{ZA'}} = \frac{\overline{ZB}}{\overline{ZB'}}$$

bzw.

$$\frac{\overline{AA'}}{\overline{ZA'}} = \frac{\overline{BB'}}{\overline{ZB'}} \qquad\qquad \frac{\overline{AB}}{\overline{A'B'}} = \frac{\overline{ZA}}{\overline{ZA'}}$$

3 Raumgeometrie

3.1 Schrägbild

Ein Schrägbild mit Verzerrungswinkel ω und Verzerrungsfaktor q wird am besten folgendermaßen eingezeichnet: Dazu sei folgendes **Beispiel** gegeben:

Bsp. 3.1   Das gleichschenklige Dreieck ABC mit Grundseite [BC] ist Grundfläche der Pyramide ABCS mit der Höhe h = 5 cm. Die Seitenlängen haben folgende Maße: [AB] = [AC] = 3 cm, [BC] = 4 cm. Der Punkt F ist der Fußpunkt der Höhe des Dreiecks ABC und es gilt [BF] = 2 cm. Die Spitze S der Pyramide liegt senkrecht über dem Punkt F. Zeichnen Sie das Schrägbild der Pyramide ABCS, wobei die Strecke [AF] auf der Schrägbildachse liegen soll. Für die Zeichnung gilt: $q = \frac{1}{2}$; $\omega = 45°$.

Schritte	**Beispiel**
1. Schritt: Die geforderte Grundfläche wird als normale, ebene Figur gezeichnet; dabei ist darauf zu achten, dass die gewünschte Schrägbildachse in der Horizontalen liegt.	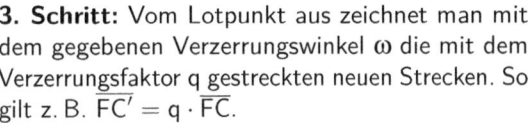
2. Schritt: Von jedem Punkt der Grundfläche, der ober- bzw. unterhalb der Schrägbildachse liegt, fällt man das Lot auf die Schrägbildachse.	Die Lotstrecken sind bereits eingezeichnet: [BF] bzw. [FC]
3. Schritt: Vom Lotpunkt aus zeichnet man mit dem gegebenen Verzerrungswinkel ω die mit dem Verzerrungsfaktor q gestreckten neuen Strecken. So gilt z. B. $\overline{FC'} = q \cdot \overline{FC}$.	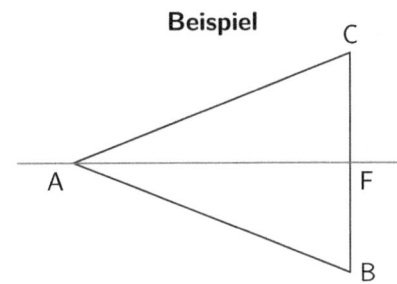
4. Schritt: Das Schrägbild wird z. B. zum Prisma oder zur Pyramide vervollständigt.	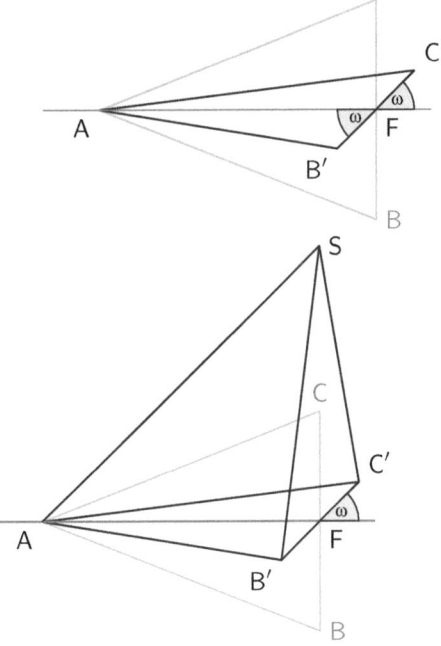

3.2 Prisma und Pyramide

Zu unterscheiden sind *Prismen* und *Pyramiden*.

Prisma	**Pyramide**

Die Seiten*kanten* sind parallel zueinander.

Die Seiten*flächen* sind stets Parallelogramme.

Die Grund- und Deckfläche sind kongruente Vielecke.

Gerades Prisma: Die Seitenkanten sind senkrecht zur Grundfläche.

Schiefes Prisma: Die Seitenkanten sind *nicht* senkrecht zur Grundfläche.

Beispiele: Würfel, Quader,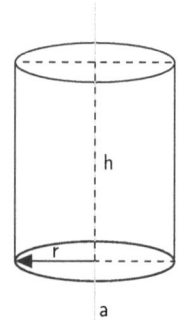

$V = G \cdot h$

$O = 2G + M$

Alle Seiten*kanten* laufen in einen Punkt (die Spitze).

Die Seiten*flächen* sind stets Dreiecke.

Die Grundfläche ist ein Vieleck.

Reguläre Pyramide: Alle Seitenkanten sind gleich lang.

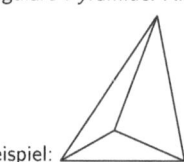

Beispiel:

$V = \frac{1}{3} \cdot G \cdot h$

$O = G + M$

Wobei V das Volumen, G die Grundfläche, h die Höhe, O die Oberfläche und M die Mantelfläche ist.

3.3 Rotationskörper

Dreht man eine zweidimensionale Figur um eine Drehachse, so entsteht ein Rotationskörper. Dieser ist symmetrisch zu seiner Drehachse. Ein Axialschnitt eines Rotationskörpers ist ein Schnitt durch diesen entlang seiner Drehachse: Man erhält wieder die zweidimensionale Figur, aus der der Rotationskörper entstanden ist. Im wesentlichen gibt es den geraden Kreiszylinder und Kreiskegel:

Gerader Kreiszylinder	**Gerader Kreiskegel**

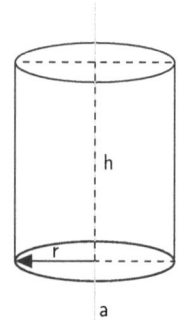

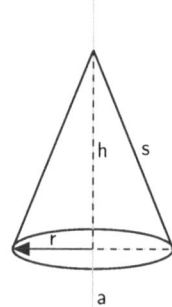

Drehachse: a

Axialschnitt: Rechteck

Grund- und Deckfläche: Kreis

Radius: r

Höhe: h

$V = \pi r^2 h$

$O = 2G + M$

$M = \pi 2rh$

Drehachse: a

Axialschnitt: Gleichseitiges Dreieck

Grundfläche: Kreis

Radius: r

Höhe: h

$V = \frac{1}{3}\pi r^2 h$

$O = G + M$

$M = \pi rs$

Wobei V das Volumen, G die Grundfläche, O die Oberfläche und M die Mantelfläche ist.

4 Daten und Zufall

Grundgesamtheit n

Anzahl n aller erfassten Daten

Absolute Häufigkeit H

Anzahl H der Merkmalsträger aus

der Grundgesamtheit

Relative Häufigkeit h

$$h = \frac{\text{Absolute Häufigkeit H}}{\text{Grundgesamtheit n}}$$

Laplace-Wahrscheinlichkeit

$$P(E) = \frac{\text{Anzahl der Ergebnisse, bei denen das Ereignis E eintritt}}{\text{Anzahl aller möglichen Ergebnisse}}$$

Pfadregeln (am Beispiel eines zweistufigen Zufallsexperiments):
Es gilt: $p_1 + p_2 = 1; p_3 + p_4 = 1; p_5 + p_6 = 1$

1.Pfadregel (Produktregel)
Beispiel:

$$P(\{AKM\}) = p_1 \cdot p_3 \cdot p_5$$

2.Pfadregel (Summenregel)
Beispiel:

$$P(\{ALM; BKN\}) = p_1 \cdot p_4 \cdot p_5 + p_2 \cdot p_3 \cdot p_6$$

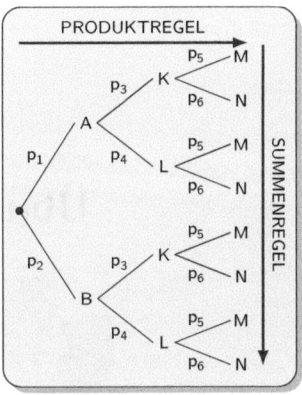

Übungsteil - Trigonometrie

A1 Original-Prüfung 2013 Realschule Bayern Teil A A3 (adaptiert)

A 1.0 Die Trapeze ABC_nD (siehe Skizze) haben die parallelen Seiten [AB] und [C_nD]. Die Winkel C_nBA haben das Maß φ mit $\varphi \in \,]21,80°; 90°[$. Es gilt: $\overline{AB} = 10\,\text{cm}$; $\overline{AD} = 4\,\text{cm}$; $\sphericalangle BAD = 90°$.

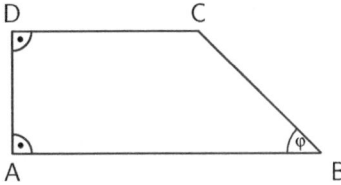

A 1.1 Bestätigen Sie durch Rechnung die untere Intervallgrenze von φ.   1 P

A 1.2 Zeigen Sie, dass für den Flächeninhalt A der Trapeze ABC_nD in Abhängigkeit von φ gilt: $A(\varphi) = \left(40 - \dfrac{8}{\tan\varphi}\right) \text{cm}^2$.   2 P

A 1.3 Für $\varphi = 50°$ entsteht das Trapez ABC_1D. Der Flächeninhalt des Trapezes ABC_2D ist um 30 % kleiner als der Flächeninhalt des Trapezes ABC_1D. Berechnen Sie das Maß φ des Winkels C_2BA des Trapezes ABC_2D.   2 P

A1 Lösung — Original-Prüfung 2013 Realschule Bayern Teil A A3 (adaptiert)

A 1.1   Die untere Intervallgrenze ergibt sich für den Fall, dass für die Länge der Strecke $[C_nD]$ gilt: $\overline{C_nD} = 0\,\text{cm}$. Der dadurch entstehende Körper wäre das rechtwinklige Dreieck ABD, in welchem für den Winkel φ gilt:

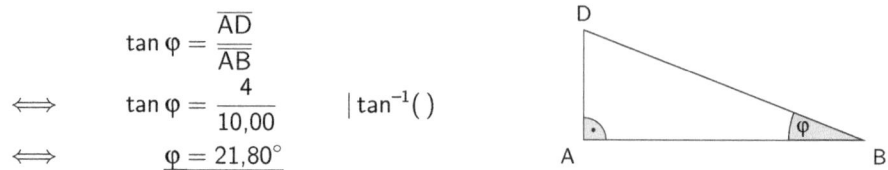

$$\tan \varphi = \frac{\overline{AD}}{\overline{AB}}$$

$$\Longleftrightarrow \quad \tan \varphi = \frac{4}{10,00} \qquad | \tan^{-1}(\ )$$

$$\Longleftrightarrow \quad \varphi = 21,80°$$

Da dieser Körper für $\varphi = 21,80°$ aber kein Trapez ist, muss dieser Winkel ausgeschlossen werden: $\varphi \in\ ]21,80°;\ 90°[$.

A 1.2   Um den Flächeninhalt A für die Trapeze ABC_nD berechnen zu können, wird die Strecke $[C_nD]$ in Abhängigkeit von φ benötigt. Hierzu wird ein Lot von C auf $[AB]$ gefällt (siehe Skizze).

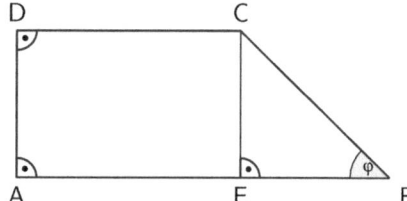

Der Lotfußpunkt sei der Punkt E. Dann gilt für $\overline{EB} = \overline{AB} - \overline{C_nD}(\varphi)$. Im rechtwinkligen Dreieck EBC berechnet sich dann für $\varphi \in\ ]21,80°;\ 90°[$ folgendes:

$$\tan \varphi = \frac{\overline{EC}}{\overline{AB} - \overline{C_nD}(\varphi)}$$

$$\Longleftrightarrow \quad \tan \varphi = \frac{4\,\text{cm}}{10,00\,\text{cm} - \overline{C_nD}(\varphi)} \qquad |\cdot(10,00\,\text{cm} - \overline{C_nD}(\varphi))$$

$$\Longleftrightarrow \quad \tan \varphi \cdot (10\,\text{cm} - \overline{C_nD}(\varphi)) = 4\,\text{cm} \qquad |:\tan \varphi$$

$$\Longleftrightarrow \quad 10\,\text{cm} - \overline{C_nD}(\varphi) = \frac{4\,\text{cm}}{\tan \varphi} \qquad |-10$$

$$\Longleftrightarrow \quad -\overline{C_nD}(\varphi) = \frac{4\,\text{cm}}{\tan \varphi} - 10\,\text{cm} \qquad |\cdot(-1)$$

$$\Longleftrightarrow \quad \underline{\overline{C_nD}(\varphi) = \left(10 - \frac{4}{\tan \varphi}\right)\,\text{cm}}$$

Somit gilt für den Flächeninhalt A der Trapeze ABC_nD:

$$A(\varphi) = \frac{1}{2} \cdot (\overline{AB} + \overline{C_nD}) \cdot \overline{AD}$$

$$\Longleftrightarrow \quad A(\varphi) = \frac{1}{2} \cdot \left(10 + 10 - \frac{4}{\tan \varphi}\right) \cdot 4\,\text{cm}^2$$

$$\Longleftrightarrow \qquad A(\varphi) = \left(40 - \frac{8}{\tan \varphi}\right) cm^2$$

A 1.3   Der Flächeninhalt des Trapezes ABC_1D für $\varphi = 50°$ ist:

$$A_{ABC_1D} = \left(40 - \frac{8}{\tan \varphi}\right) cm^2$$

$$\Longleftrightarrow \qquad A_{ABC_1D} = \left(40 - \frac{8}{\tan 50°}\right) cm^2$$

$$\Longleftrightarrow \qquad A_{ABC_1D} = 33,29 \, cm^2$$

Und mit der Voraussetzung $A_{ABC_2D} = 0,70 \cdot A_{ABC_1D}$ gilt dann für $\varphi \in \,]21,80°; 90°[$:

$$40 - \frac{8}{\tan \varphi} = 0,70 \cdot 33,29 \, cm^2 \qquad | -40$$

$$\Longleftrightarrow \qquad -\frac{8}{\tan \varphi} = -16,70 \, cm^2 \qquad | \cdot \tan \varphi$$

$$\Longleftrightarrow \qquad -8 = -16,70 \cdot \tan \varphi \, cm^2 \qquad | : (-16,70 \, cm^2)$$

$$\Longleftrightarrow \qquad 0,48 = \tan \varphi \qquad | \tan^{-1}(\,)$$

$$\Longleftrightarrow \qquad \varphi = 25,60°$$

$$\Longleftrightarrow \qquad \mathbb{L} = \{25,60°\}$$

A2   Original-Prüfung 2014 Realschule Bayern Teil A A1 (adaptiert)

A 1.0   Gegeben ist das rechtwinklige Dreieck ABC mit der Hypotenuse [AC]. Punkte P_n liegen auf der Kathete [AB] und legen zusammen mit den Punkten B und C Dreiecke P_nBC fest. Die Winkel P_nCB haben das Maß φ mit $\varphi \in \,]0°;\,39{,}81°]$. Es gilt: $\overline{AB} = 2{,}5\,\text{cm}; \overline{BC} = 3\,\text{cm}; \sphericalangle CBA = 90°$.

Die nebenstehende Skizze zeigt das Dreieck ABC und das Dreieck P_1BC für $\varphi = 15°$.

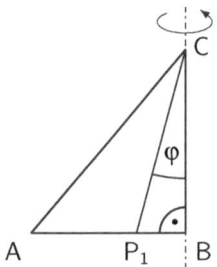

A 1.1   Begründen Sie durch Rechnung das Maß der oberen Intervallgrenze für φ.   1 P

A 1.2   Die Dreiecke P_nBC rotieren um die Gerade BC als Rotationsachse.   2 P
Zeigen Sie, dass für das Volumen V der dabei entstehenden Rotationskörper in Abhängigkeit von φ gilt: $V(\varphi) = 9 \cdot \pi \cdot \tan^2 \varphi \;\text{cm}^3$.

A 1.3   Das Volumen eines Rotationskörpers aus A 1.2 beträgt $6\,\text{cm}^3$.   2 P
Berechnen Sie das zugehörige Maß φ.

A2 Lösung   Original-Prüfung 2014 Realschule Bayern Teil A A1 (adaptiert)

A 1.1   Die obere Intervallgrenze für φ ergibt sich, wenn der Punkt P_0 im Punkt A liegt. Dann ist gerade der Winkel $\sphericalangle ACB$ die obere Intervallgrenze von φ. Mithilfe des Tangens im rechtwinkligen Dreieck ABC gilt dann:

$$\tan \varphi = \frac{\overline{AB}}{\overline{BC}}$$

$$\Longleftrightarrow \quad \tan \varphi = \frac{2{,}5}{3} \qquad | \tan^{-1}(\ )$$

$$\Longleftrightarrow \quad \underline{\underline{\varphi = 39{,}81°}}$$

A 1.2   Bei den Rotationskörpern handelt es sich um Zylinder. Es gilt also für deren Volumen in Abhängigkeit von φ:

$$V = \frac{1}{3} \cdot \overline{P_nB}^2 \cdot \pi \cdot \overline{BC}$$

Um die Länge der Strecke $\overline{P_nB}$ zu berechnen, verwendet man den Tangens im rechtwinkligen Dreieck P_nBC. Für $\varphi \in \ ]0°;\ 39{,}81°]$ gilt dann:

$$\tan \varphi = \frac{\overline{P_nB}(\varphi)}{3\,\text{cm}} \qquad | \cdot 3\,\text{cm}$$

$$\Longleftrightarrow \quad \overline{P_nB}(\varphi) = 3 \cdot \tan \varphi\,\text{cm}$$

Somit gilt für das Volumen V:

$$V(\varphi) = \frac{1}{3} \cdot (3 \cdot \tan \varphi)^2 \cdot \pi \cdot 3\,\text{cm}^3$$

$$\Longleftrightarrow \quad \underline{\underline{V(\varphi) = 9 \cdot \pi \cdot \tan^2 \varphi\,\text{cm}^3}}$$

A 1.3   Einsetzen von $6\,\text{cm}^3$ in das Volumen aus Aufgabe A 1.2 ergibt:

$$6 = 9 \cdot \pi \cdot \tan^2 \varphi \qquad | : (9 \cdot \pi)$$

$$\Longleftrightarrow \quad \frac{6}{9 \cdot \pi} = \tan^2 \varphi \qquad | \sqrt{\ }$$

$$\Longleftrightarrow \quad \sqrt{\frac{2}{3 \cdot \pi}} = \tan \varphi \qquad | \tan^{-1}(\ )$$

$$\Longleftrightarrow \quad \underline{\underline{\varphi = 24{,}73°}} \qquad \mathbb{L} = \{24{,}73°\}$$

A3 Original-Prüfung 2015 Realschule Bayern Teil A A1 (adaptiert)

A 1.0   Gegeben sind rechtwinklige Dreiecke AB_nM mit $\overline{AM} = 4\,\text{cm}$ und den Hypotenusen $[AB_n]$. Die Winkel B_nAM haben das Maß φ mit $\varphi \in {]}30°;\,90°{[}$.
Der Kreis k mit dem Mittelpunkt M und dem Radius $r = \overline{MC} = 2\,\text{cm}$ schneidet die Seite $[AM]$ im Punkt D und die Seiten $[B_nM]$ im Punkt C.
Runden Sie im Folgenden auf zwei Stellen nach dem Komma.

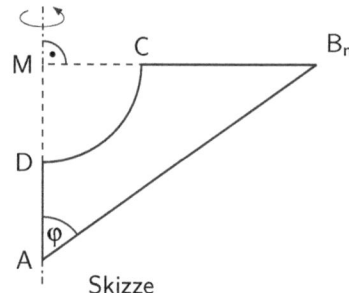

Skizze

A 1.1   Berechnen Sie die Länge der Seite $[AB_1]$ für $\varphi = 54°$.   1 P

A 1.2   Die Figuren AB_nCD, die durch die Strecken $[AD]$, $[AB_n]$ und $[B_nC]$ sowie durch den Kreisbogen $\overset{\frown}{DC}$ begrenzt sind, rotieren um die Gerade AM.   3 P
Zeigen Sie durch Rechnung, dass für das Volumen V der entstehenden Rotationskörper in Abhängigkeit von φ gilt: $V(\varphi) = \dfrac{16}{3} \cdot \pi \cdot (4 \cdot \tan^2 \varphi - 1)\,\text{cm}^3$.

A 1.3   Berechnen Sie das Volumen des entstehenden Rotationskörpers für $\varphi = 54°$.   1 P

A3 Lösung Original-Prüfung 2015 Realschule Bayern Teil A A1 (adaptiert)

A 1.1 Mit Hilfe des Kosinus berechnet man im rechtwinkligen Dreieck AB_1M die Länge der Hypotenuse $[AB_1]$ wie folgt:

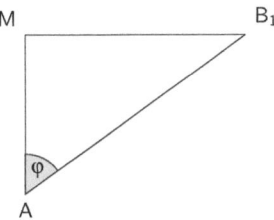

$$\cos \varphi = \frac{\overline{AM}}{\overline{AB_1}}$$

$$\Longleftrightarrow \quad \cos 54° = \frac{4\,\text{cm}}{\overline{AB_1}} \qquad |\cdot \overline{AB_1}$$

$$\Longleftrightarrow \quad \overline{AB_1} \cdot \cos 54° = 4\,\text{cm} \qquad |:\cos 54°$$

$$\Longleftrightarrow \quad \overline{AB_1} = \frac{4\,\text{cm}}{\cos 54°}$$

$$\Longleftrightarrow \quad \overline{AB_1} = 6{,}81\,\text{cm}$$

A 1.2 Der entstehende Rotationskörper ist ein Kegel, an dessen Grundseite sich eine Aushöhlung in Form einer Halbkugel befindet. Somit ergibt sich das Volumen des Rotationskörpers grundsätzlich wie folgt:

$$V = V_{\text{Kegel}} - V_{\text{Halbkugel}}$$

$$V = \frac{1}{3}\pi \cdot \overline{MB_n}^2 \cdot \overline{AM} - \frac{1}{2} \cdot \frac{4}{3}\pi \cdot \overline{MC}^3$$

Die Streckenlänge $\overline{MB_n}$ ist von φ abhängig und berechnet sich für $\varphi \in \,]30°; 90°[$ wie folgt:

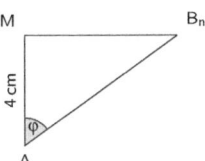

$$\tan \varphi = \frac{\overline{MB_n}}{4\,\text{cm}} \qquad |\cdot 4\,\text{cm}$$

$$\Longleftrightarrow \quad \overline{MB_n}(\varphi) = 4\tan \varphi\,\text{cm}$$

Für das Volumen gilt dann:

$$V(\varphi) = \left[\frac{1}{3}\pi \cdot (4\tan \varphi)^2 \cdot 4 - \frac{1}{2} \cdot \frac{4}{3}\pi \cdot 2^3\right]\,\text{cm}^3$$

$$\Longleftrightarrow \quad V(\varphi) = \left[\frac{1}{3}\pi \cdot 16\tan^2 \varphi \cdot 4 - \frac{2}{3}\pi \cdot 8\right]\,\text{cm}^3$$

$$\Longleftrightarrow \quad V(\varphi) = \left[\frac{16}{3}\pi \cdot 4\tan^2 \varphi - \frac{16}{3}\pi\right]\,\text{cm}^3$$

$$\Longleftrightarrow \quad V(\varphi) = \frac{16}{3}\pi \cdot (4\tan^2 \varphi - 1)\,\text{cm}^3$$

A 1.3 Einsetzen von $\varphi = 54°$ in $V(\varphi)$ ergibt das gesucht Volumen:

$$V(54°) = \frac{16}{3}\pi \cdot (4\tan^2 54° - 1)\,\text{cm}^3$$

$$\Longleftrightarrow \quad V(54°) = 110{,}21\,\text{cm}^3$$

A4 Original-Prüfung 2016 Realschule Bayern Teil A A1 (adaptiert)

A 1.0 Die gleichschenkligen Dreiecke A_nB_nC haben die Basen $[A_nB_n]$ und die gemeinsame Höhe $[CM]$.
Die Winkel A_nCB_n haben das Maß φ mit $\varphi \in\ ]0°;\ 180°[$.
Es gilt: $\overline{CM} = 5\,\text{cm}$

Die Zeichnung zeigt das Dreieck A_1B_1C für $\varphi = 80°$ und ist nicht maßstabsgetreu.

A 1.1 Zeichnen Sie das Dreieck A_2B_2C für $\varphi = 50°$ in die Zeichnung zu A 1.0 ein. 1 P

A 1.2 Zeigen Sie, dass für den Flächeninhalt A der Dreiecke A_nB_nC in Abhängigkeit von φ gilt: $A(\varphi) = 25 \cdot \tan\dfrac{\varphi}{2}\,\text{cm}^2$. 2 P

A 1.3 Der Flächeninhalt des Dreiecks A_3B_3C ist um 25 % größer als der Flächeninhalt des Dreiecks A_2B_2C. Berechnen Sie das Maß φ des Winkels A_3CB_3 des Dreiecks A_3B_3C auf zwei Stellen nach dem Komma gerundet. 2 P

A4 Lösung Original-Prüfung 2016 Realschule Bayern Teil A A1 (adaptiert)

A 1.1 Beim Dreieck A_2B_2C ist ebenfalls $\overline{CM} = 5\,cm$. Von dieser mittleren Strecke beträgt der Winkel bei Punkt C in beide Richtungen $25°$, damit insgesamt $\varphi = 50°$ erfüllt ist. Eingezeichnet in die gegebene Zeichnung (nicht maßstabsgetreut durch skalierten Buchdruck):

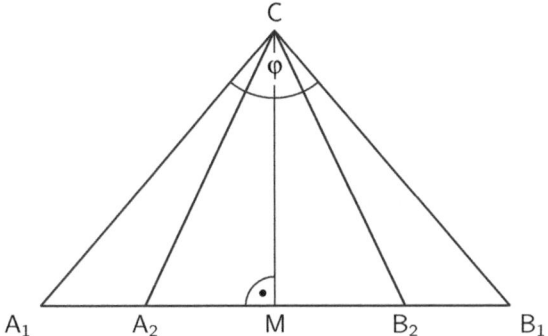

A 1.2 Der Flächeninhalt des Dreiecks ABC beträgt im Allgemeinen:

$$A = \frac{1}{2} \cdot \overline{A_nB_n} \cdot \overline{CM}$$

Dabei ist $\overline{CM} = 5\,cm$ bereits gegeben. Mithilfe des Tangens kann nun zunächst die Länge $\overline{A_nM}$ im rechtwinkligen Dreieck A_nMC bestimmt werden:

$$\tan\frac{\varphi}{2} = \frac{\overline{A_nM}}{\overline{CM}}$$
$$\Longleftrightarrow \quad \tan\frac{\varphi}{2} = \frac{\overline{A_nM}}{5\,cm} \qquad | \cdot 5\,cm$$
$$\Longleftrightarrow \quad \underline{\overline{A_nM} = 5 \cdot \tan\frac{\varphi}{2}\,cm}$$

Da das Dreieck A_nB_nC gleichschenklig ist, ist $\overline{A_nB_n} = 2 \cdot \overline{A_nM} = 10 \cdot \tan\frac{\varphi}{2}\,cm$. Setzt man dies in obige Formel ein, gilt für den Flächeninhalt:

$$A = \frac{1}{2} \cdot \overline{A_nB_n} \cdot \overline{CM} = \frac{1}{2} \cdot 10 \cdot \tan\frac{\varphi}{2} \cdot 5 = \underline{\underline{25 \cdot \tan\frac{\varphi}{2}\,cm^2}}$$

A 1.3 Dreieck A_2B_2C hat einen Winkel von $\varphi = 50°$ und somit entsprechend der vorherigen Teilaufgabe folgenden Flächeninhalt:

$$A = 25 \cdot \tan\frac{50°}{2}\,cm^2 = \underline{\underline{25 \cdot \tan 25°\,cm^2}}$$

Da der Flächeninhalt von A_3B_3C um 25 % größer ist, hat dieses einen Flächeninhalt von $1{,}25 \cdot A$. Gleichzeitig kann der Flächeninhalt des Dreiecks A_3B_3C gemäß der Formel aus der letzten Teilaufgabe bestimmt werden, sodass gilt (in cm^2):

$$1{,}25 \cdot A = 25 \cdot \tan \frac{\varphi}{2}$$

$$\Longleftrightarrow \quad 1{,}25 \cdot 25 \cdot \tan 25° = 25 \cdot \tan \frac{\varphi}{2} \qquad \mid : 25$$

$$\Longleftrightarrow \quad 1{,}25 \cdot \tan 25° = \tan \frac{\varphi}{2} \qquad \mid \tan^{-1}(\ )$$

$$\Longleftrightarrow \quad \frac{\varphi}{2} = \tan^{-1}\left(1{,}25 \cdot \tan 25°\right) \qquad \mid \cdot 2$$

$$\Longleftrightarrow \quad \varphi = 2 \cdot \tan^{-1}\left(1{,}25 \cdot \tan 25°\right)$$

$$\Longleftrightarrow \quad \underline{\underline{\varphi \approx 60{,}47°}}$$

Die Lösungsmenge lautet also $\mathbb{L} = \{60{,}47°\}$.

A5 Original-Prüfung 2017 Realschule Bayern Teil A A1 (adaptiert)

A 1.0   Trapeze $A_nB_nC_nD$ mit den parallelen Seiten $[DC_n]$ und
$[A_nB_n]$ rotieren um die Gerade SD.

Es gilt:
$A_n \in SD$; $\overline{SD} = 3\,\text{cm}$; $\overline{A_nB_n} = 4\,\text{cm}$; $\sphericalangle B_nA_nD = 90°$.

Die Winkel DSC_n haben das Maß φ mit $\varphi \in$
$]0°;\ 53{,}13°[$.

Die Zeichnung zeigt das Trapez $A_1B_1C_1D$ für $\varphi = 25°$.

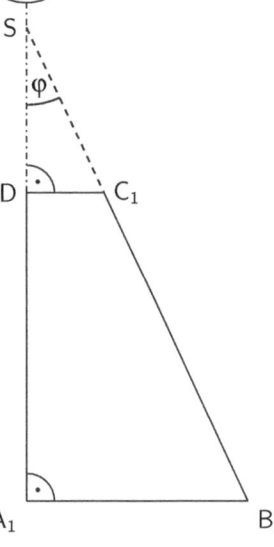

A 1.1   Zeichnen Sie in die Zeichnung zu A 1.0 das Trapez $A_2B_2C_2D$ für $\varphi = 40°$ ein.   1 P

A 1.2   Zeigen Sie durch Rechnung, dass für die Längen der Strecken $[DC_n]$ und $[SA_n]$ in   2 P
Abhängigkeit von φ gilt: $\overline{DC_n}(\varphi) = 3 \cdot \tan\varphi\ \text{cm}$ und $\overline{SA_n}(\varphi) = \dfrac{4}{\tan\varphi}\ \text{cm}$.

A 1.3   Bestätigen Sie rechnerisch, dass für das Volumen V der entstehenden Rotationskörper   2 P
in Abhängigkeit von φ gilt: $V(\varphi) = \dfrac{1}{3} \cdot \pi \cdot \left(\dfrac{64}{\tan\varphi} - 27 \cdot \tan^2\varphi \right)\ \text{cm}^3$.

A5 Lösung
Original-Prüfung 2017 Realschule Bayern Teil A A1 (adaptiert)

A 1.1   Als Winkel $\sphericalangle DSC_2$ wird $\varphi = 40°$ abgetragen. Weiterhin sind die Strecken $\overline{SD} = 3\,\text{cm}$ und $\overline{A_2B_2} = 4\,\text{cm}$ gegeben. Damit kann das Trapez in die gegebene Darstellung eingezeichnet werden:

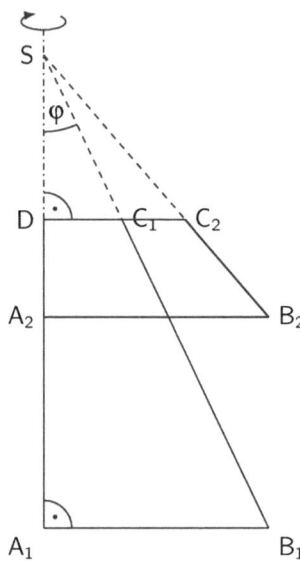

A 1.2   Für den Winkel φ gilt im Dreieck DC_nS:

$$\tan\varphi = \frac{\overline{DC_n}}{\overline{SD}} \qquad\qquad |\cdot \overline{SD}$$

$$\Longleftrightarrow \qquad \tan\varphi \cdot \overline{SD} = \overline{DC_n}$$

$$\Longleftrightarrow \qquad \underline{\overline{DC_n}(\varphi) = 3\cdot \tan\varphi\,\text{cm}}$$

Im Dreieck SA_nB_n gilt zudem:

$$\tan\varphi = \frac{\overline{A_nB_n}}{\overline{SA_n}} \qquad\qquad |\cdot \overline{SA_n}$$

$$\Longleftrightarrow \qquad \tan\varphi \cdot \overline{SA_n} = \overline{A_nB_n} \qquad\qquad |:\tan\varphi$$

$$\Longleftrightarrow \qquad \overline{SA_n} = \frac{\overline{A_nB_n}}{\tan\varphi}$$

$$\Longleftrightarrow \qquad \underline{\overline{SA_n}(\varphi) = \frac{4}{\tan\varphi}\,\text{cm}}$$

A 1.3 Das gesuchte Volumen V des Rotationskörpers ergibt sich aus der Differenz des Rotationskörpers des Dreiecks A_nB_nS abzüglich des Rotationskörpers des Dreiecks DC_nS:

$$V = V_{A_nB_nS} + V_{DC_nS}$$

Bei den Rotationskörpern der Dreiecke handelt es sich jeweils um Kreiskegel. Die Grundseite der Dreiecke ist dabei der Radius der Grundseite. Damit kann das gesuchte Volumen bestimmt werden:

$$V = V_{A_nB_nS} + V_{DC_nS}$$
$$= \frac{1}{3}\pi \cdot (\overline{A_nB_n})^2 \cdot \overline{SA_n} - \frac{1}{3}\pi \cdot (\overline{DC_n})^2 \cdot \overline{SD}$$

Darin können nun die bekannten Größen und die Zusammenhänge aus Aufgabe A 1.2 eingesetzt werden:

$$V = \frac{1}{3}\pi \cdot (\overline{A_nB_n})^2 \cdot \overline{SA_n} - \frac{1}{3}\pi \cdot (\overline{DC_n})^2 \cdot \overline{SD}$$
$$= \frac{1}{3}\pi \cdot (4\,\text{cm})^2 \cdot \frac{4}{\tan\varphi}\,\text{cm} - \frac{1}{3}\pi \cdot (3\tan\varphi\,\text{cm})^2 \cdot 3\,\text{cm}$$
$$= \underline{\underline{\frac{1}{3}\pi \left(\frac{64}{\tan\varphi} - 27\tan^2\varphi \right)\,\text{cm}^3}}$$

A6 Original-Prüfung 2018 Realschule Bayern Teil A A2 (adaptiert)

A 1.0   Das gleichschenklige Dreieck ABC mit der Basis [BC] und der Höhe [AM] ist die
        Grundfläche der Pyramide ABCS mit der Spitze S. Der Punkt D $\in$ [AM] ist der
        Fußpunkt der Pyramidenhöhe [DS], die senkrecht auf der Grundfläche steht.
        Es gilt $\overline{AM} = 8\,cm$; $\overline{BC} = 10\,cm$; $\overline{AD} = 4,5\,cm$; $\overline{DS} = 8,5\,cm$.
        Die untenstehende Zeichnung zeigt ein Schrägbild der Pyramide ABCS.
        In der Zeichnung gilt: $q = \dfrac{1}{2}$; $\omega = 45°$; [AM] liegt auf der Schrägbildachse.
        Runden Sie im Folgenden auf zwei Stellen nach dem Komma.
        (**Hinweis:** Die Zeichnung der Pyramide entspricht nicht den angebebene Maßen, da
        die Pyramide für den Buchdruck skaliert wurde.)

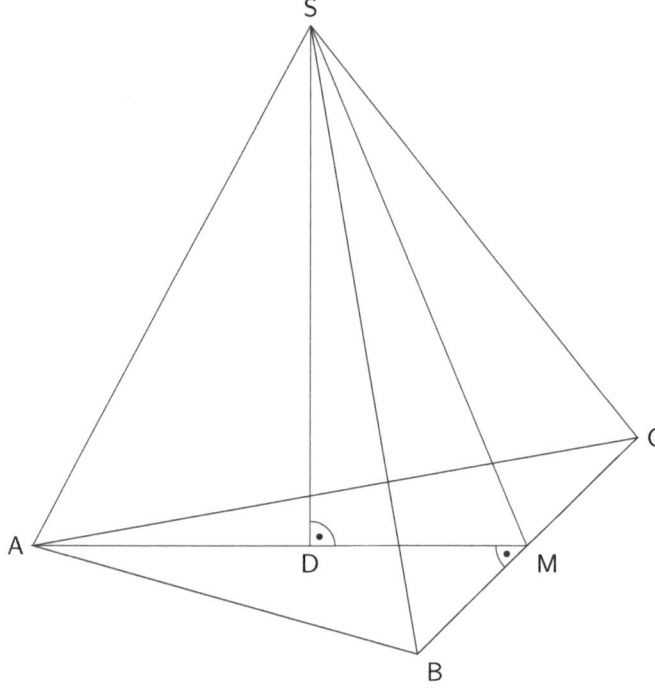

A 1.1   Berechnen Sie das Maß des Winkels MAC.   1 P
        [Ergebnis: $\sphericalangle MAC = 32,01°$]

A 1.2   Punkte P_n liegen auf der Strecke [DS]. Die Winkel DAP_n haben das Maß φ mit   1 P
        $\varphi \in\,]0°;\, 62,10°[$.
        Zeichnen Sie den Punkt P_1 und die Strecke [AP_1] für $\varphi = 40°$ in das Schrägbild zu
        A 2.0 ein.

A 1.3   Durch die Punkte P_n verlaufen zur Grundfläche ABC parallele Ebenen, die die Kanten   1 P
        der Pyramide ABCS in Punkten $E_n \in$ [AS], $F_n \in$ [BS] und $G_n \in$ [CS] und die Strecke
        [MS] in Punkten N_n schneiden. Die Dreiecke $E_nF_nG_n$ sind die Grundflächen von

Pyramiden $E_n F_n G_n D$ mit der Spitze D.
Zeichnen Sie die Pyramide $E_1 F_1 G_1 D$ und den Punkt N_1 in das Schrägbild zu A 2.0 ein.

A 1.4   Berechnen Sie die Längen der Strecken $[DP_n]$ und $[E_n N_n]$ in Abhängigkeit von φ.   3 P
[Ergebnisse: $\overline{DP_n}(\varphi) = 4{,}5 \cdot \tan \varphi \, \text{cm}$; $\overline{E_n N_n}(\varphi) = (8 - 4{,}24 \cdot \tan \varphi) \, \text{cm}$]

A 1.5   Berechnen Sie das Volumen der Pyramide $E_1 F_1 G_1 D$.   3 P

A6 Lösung
Original-Prüfung 2018 Realschule Bayern Teil A A2 (adaptiert)

A 1.1   Für den Winkel gilt:

$$\tan \sphericalangle MAC = \frac{\overline{CM}}{\overline{AM}} = \frac{0,5 \cdot 10\,\text{cm}}{8\,\text{cm}} = \frac{5}{8}$$

$$\Rightarrow \quad \underline{\underline{\sphericalangle MAC \approx 32,01°}}$$

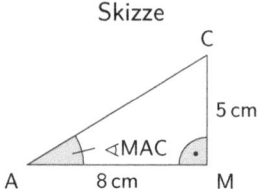

Skizze

A 1.2   Einzeichnen des Punktes P_1 und der Strecke $[AP_1]$ (Zeichnung siehe nächste Teilaufgabe).

A 1.3   Einzeichnen der Pyramide $E_1F_1G_1D$ und des Punktes N_1.
(**Hinweis:** Die Darstellung der Pyramide ist nicht maßstabsgetreu, da die Zeichnung für den Buchdruck skaliert wurde.)

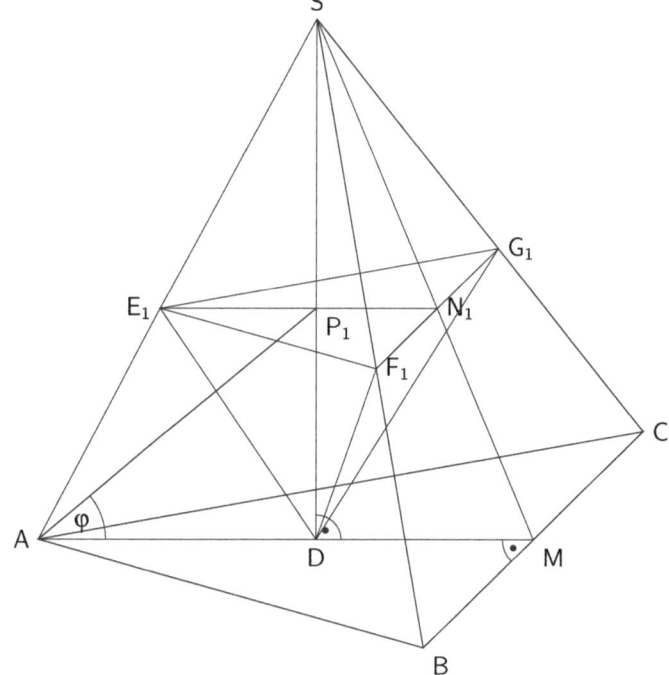

A 1.4   Für den Winkel φ gilt im Dreieck ADP_n:

Skizze

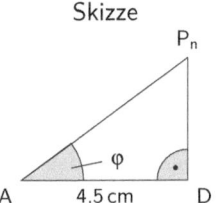

$$\tan \varphi = \frac{\overline{DP_n}}{\overline{AD}}$$

$$\Longleftrightarrow \quad \overline{DP_n}(\varphi) = \underline{4{,}5 \cdot \tan \varphi \, cm}$$

Durch Vorgabe in Aufgabe A 2.2 gilt für $\varphi \in \,]0°;\,62{,}10°[$.
Weiterhin gilt mit dem Vierstreckensatz:

$$\frac{\overline{E_n N_n}}{\overline{AM}} = \frac{\overline{P_n S}}{\overline{DS}}$$

$$\Longleftrightarrow \qquad \frac{\overline{E_n N_n}}{\overline{AM}} = \frac{\overline{DS} - \overline{DP_n}}{\overline{DS}} \qquad \qquad |\cdot \overline{AM}$$

$$\Longleftrightarrow \qquad \overline{E_n N_n}(\varphi) = \frac{8{,}5 - 4{,}5 \cdot \tan \varphi}{8{,}5} \cdot 8\,cm$$

$$\Longleftrightarrow \qquad \overline{E_n N_n}(\varphi) \approx \underline{(8 - 4{,}24 \cdot \tan \varphi)\,cm}$$

A 1.5   Für das Volumen der Pyramide $E_1 F_1 G_1 D$ gilt:

$$V_{E_1 F_1 G_1 D} = \frac{1}{3} \cdot A_{E_1 F_1 G_1} \cdot \overline{DP_1} = \frac{1}{3} \cdot \frac{1}{2} \cdot \overline{F_1 G_1} \cdot \overline{E_1 N_1} \cdot \overline{DP_1}$$

Mithilfe der allgemeinen Relationen (Virstreckensatz) aus Teilaufgabe 2.4 gilt:

$$\overline{DP_1} = 4{,}5 \cdot \tan 40° \, cm \approx 3{,}78 \, cm \qquad \overline{E_1 N_1} = (8 - 4{,}24 \cdot \tan 40°)\, cm \approx 4{,}44 \, cm$$

Weiterhin gilt im Dreieck $E_1 N_1 G_1$:

$$\tan \sphericalangle N_1 E_1 G_1 = \tan \sphericalangle MAC = \tan 32{,}01° = \frac{\overline{N_1 G_1}}{\overline{E_1 N_1}} = \frac{0{,}5 \cdot \overline{F_1 G_1}}{4{,}44 \, cm}$$

$$\Longleftrightarrow \qquad \overline{F_1 G_1} = 2 \cdot \tan 32{,}01° \cdot 4{,}44 \, cm \approx 5{,}55 \, cm$$

Eingesetzt ergibt sich das Volumen der Pyramide:

$$V_{E_1 F_1 G_1 D} = \frac{1}{3} \cdot \frac{1}{2} \cdot \overline{F_1 G_1} \cdot \overline{E_1 N_1} \cdot \overline{DP_1} = \frac{1}{3} \cdot \frac{1}{2} \cdot 5{,}55 \, cm \cdot 4{,}44 \, cm \cdot 3{,}78 \, cm \approx \underline{15{,}52 \, cm^3}$$

A7 Original-Prüfung 2019 Realschule Bayern Teil A A1 (adaptiert)

A 1.0 Gegeben ist das Drachenviereck ABCD mit der Symmetrieachse BD und dem Diagonalenschnittpunkt M.

Es gilt: $\overline{AM} = \overline{DM} = 2\,cm$ und $\overline{BD} = 6\,cm$.

Punkte E_n auf der Strecke [BM] legen zusammen mit
den Punkten A, C und D die Drachenvierecke AE_nCD
fest. Die Winkel CE_nA haben das Maß φ mit $\varphi \in$
$[53,13°; 180°[$.

Die Zeichnung zeigt das Drachenviereck ABCD und das
Drachenviereck AE_1CD für $\varphi = 100°$.

Runden Sie im Folgenden auf zwei Stellen nach dem
Komma.

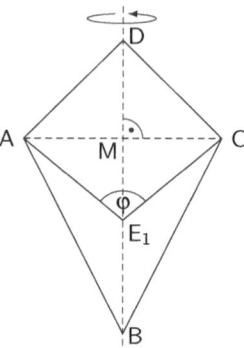

A 1.1 Zeichnen Sie das Drachenviereck AE_2CD für $\varphi = 70°$ in die Zeichnung zu A 1.0 ein.   2 P
Bestätigen Sie sodann die untere Intervallgrenze für φ durch Rechnung.

A 1.2 Die Drachenvierecke AE_nCD rotieren um die Gerade BD.   2 P

Zeigen Sie, dass für das Volumen V der entstehenden Rotationskörper in Abhängigkeit
von φ gilt: $V(\varphi) = \dfrac{8}{3} \cdot \pi \cdot \left(1 + \dfrac{1}{\tan(0,5 \cdot \varphi)} \right)\,cm^3$.

A 1.3 Das Drachenviereck AE_3CD ist ein Quadrat.   1 P
Bestimmen Sie das Volumen des zugehörigen Rotationskörpers.

A7 Lösung Original-Prüfung 2019 Realschule Bayern Teil A A1 (adaptiert)

A 1.1 Einzeichnen des Drachenvierecks AE_2CD für $\varphi = 70°$:
(**Hinweis:** Die Darstellung ist nicht maßstabsgetreu, da die Zeichnung für den Buchdruck skaliert wurde.)

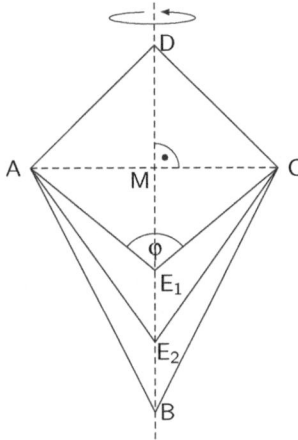

Je näher der Punkt E_n an B liegt, desto kleiner ist der Winkel φ. Die untere Grenze ergibt sich also für den Fall, dass E_n mit B zusammenfällt. In diesem Fall gilt:

$$\tan \frac{\varphi}{2} = \frac{\overline{AM}}{\overline{BM}}$$

$$\Longleftrightarrow \quad \tan \frac{\varphi}{2} = \frac{2\,\text{cm}}{4\,\text{cm}}$$

$$\Longleftrightarrow \quad \tan \frac{\varphi}{2} = \frac{1}{2} \qquad | \tan^{-1}(\ )$$

$$\Rightarrow \quad \frac{\varphi}{2} \approx 26{,}565° \qquad | \cdot 2$$

$$\Longleftrightarrow \quad \varphi \approx 53{,}13°$$

Skizze

$\overline{BM} = \overline{BD} - \overline{DM}$
$= 6\,\text{cm} - 2\,\text{cm}$
$= 4\,\text{cm}$

Damit ergibt sich die untere Grenze $\underline{\varphi \geq 53{,}13°}$.

A 1.2 Der gesamte Körper setzt sich aus zwei Teilkörpern zusammen, wobei einer durch Rotation des Dreiecks AMD und der andere durch Rotation des Dreiecks ABM entsteht. Entsprechend entstehen zwei Kegel, für deren Volumen gilt:

$$V = \frac{1}{3} \cdot \overline{AM}^2 \cdot \pi \cdot \overline{DM} + \frac{1}{3} \cdot \overline{AM}^2 \cdot \pi \cdot \overline{ME_n} = \frac{1}{3} \cdot \pi \cdot \overline{AM}^2 \cdot (\overline{DM} + \overline{ME_n})$$

Alle Längen bis auf $\overline{ME_n}$ sind bereits bekannt. Für diese Länge gilt im Dreieck AE_nM:

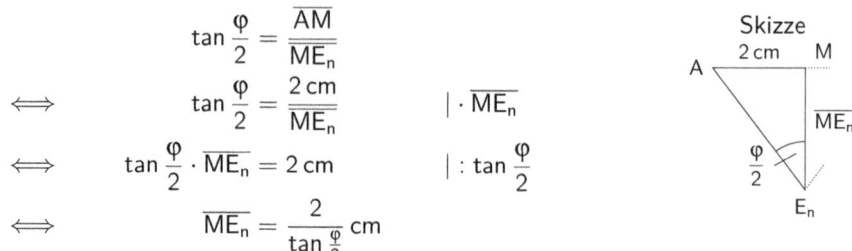

$$\tan\frac{\varphi}{2} = \frac{\overline{AM}}{\overline{ME_n}}$$

$$\Longleftrightarrow \qquad \tan\frac{\varphi}{2} = \frac{2\,cm}{\overline{ME_n}} \qquad\qquad |\cdot\overline{ME_n}$$

$$\Longleftrightarrow \qquad \tan\frac{\varphi}{2}\cdot\overline{ME_n} = 2\,cm \qquad\qquad |:\tan\frac{\varphi}{2}$$

$$\Longleftrightarrow \qquad \overline{ME_n} = \frac{2}{\tan\frac{\varphi}{2}}\,cm$$

Eingesetzt in die Gleichung des Volumens folgt:

$$V(\varphi) = \frac{1}{3}\cdot\pi\cdot(2\,cm)^2\cdot\left(2\,cm + \frac{2}{\tan\frac{\varphi}{2}}\,cm\right) = \frac{1}{3}\cdot\pi\cdot 4\cdot\left(2 + \frac{2}{\tan\frac{\varphi}{2}}\right)\,cm^3$$

$$= \underline{\underline{\frac{8}{3}\cdot\pi\cdot\left(1 + \frac{1}{\tan\frac{\varphi}{2}}\right)\,cm^3}}$$

A 1.3   In einem Quadrat sind alle Innenwinkel 90° groß. Demnach ist auch $\varphi = 90°$. Eingesetzt in die Volumenformel aus Aufgabe 1.2 ergibt sich der Wert des Volumens:

$$V(90°) = \frac{8}{3}\cdot\pi\cdot\left(1 + \frac{1}{\tan(45°)}\right)\,cm^3 = \frac{8}{3}\cdot\pi\cdot\left(1 + \frac{1}{1}\right)\,cm^3 \approx \underline{\underline{16{,}76\,cm^3}}$$

A8 Original-Prüfung 2020 Realschule Bayern Teil A A3 (adaptiert)

A 1.0   Gegeben sind Drachenvierecke AB_nCD_n mit der Symmetrieachse AC. Punkte E_n sind die Mittelpunkte der Strecken $[B_nD_n]$. Die Winkel B_nCE_n haben das Maß φ mit $\varphi \in \,]0°;\,90°[$.

Es gilt: $\overline{AC} = 2\,\text{cm}$ und $\overline{B_nC} = \overline{CD_n} = 3\,\text{cm}$.

Die nebenstehende Zeichnung zeigt das Drachenviereck AB_1CD_1 für $\varphi = 50°$.

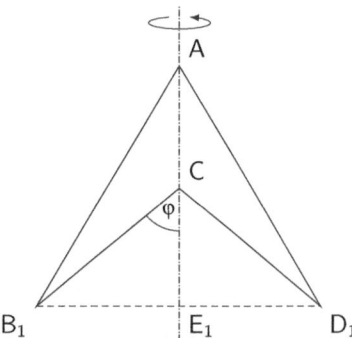

A 1.1   Zeigen Sie durch Rechnung, dass für die Längen der Strecken $[B_nE_n]$ und $[AE_n]$ in   2 P
        Abhängigkeit von φ gilt: $\overline{B_nE_n}(\varphi) = 3 \cdot \sin\varphi\,\text{cm}$ und $\overline{AE_n}(\varphi) = (3 \cdot \cos\varphi + 2)\,\text{cm}$.

A 1.2   Die Drachenvierecke AB_nCD_n rotieren um die Gerade AC.   2 P
        Bestätigen Sie rechnerisch, dass für das Volumen V der entstehenden Rotationskörper in Abhängigkeit von φ gilt: $V(\varphi) = 6 \cdot \pi \cdot \sin^2\varphi\,\text{cm}^3$.

A 1.3   Eine der folgenden Aussagen zu den Rotationskörpern aus A 3.2 ist richtig.   1 P
        Kreuzen Sie diese Aussage an.

        ☐ Es gibt einen Rotationskörper mit einem Volumen von $6 \cdot \pi\,\text{cm}^3$.

        ☐ Die Rotationskörper haben ein Volumen von höchsten $6\,\text{cm}^3$.

        ☐ Für das Volumen V gilt: $V(\varphi) < 6 \cdot \pi\,\text{cm}^3$.

        ☐ Für das Volumen V gilt: $V(\varphi) > 6 \cdot \pi\,\text{cm}^3$.

A8 Lösung   Original-Prüfung 2020 Realschule Bayern Teil A A3 (adaptiert)

A 1.1   Es wird das Dreieck $B_n E_n C$ betrachtet:

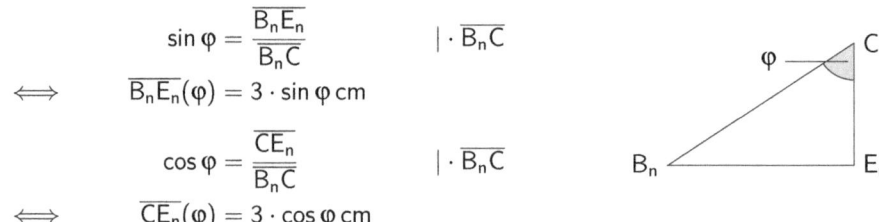

$$\sin \varphi = \frac{\overline{B_n E_n}}{\overline{B_n C}} \qquad |\cdot \overline{B_n C}$$

$$\Longleftrightarrow \quad \overline{B_n E_n}(\varphi) = 3 \cdot \sin \varphi \, \text{cm}$$

$$\cos \varphi = \frac{\overline{C E_n}}{\overline{B_n C}} \qquad |\cdot \overline{B_n C}$$

$$\Longleftrightarrow \quad \overline{C E_n}(\varphi) = 3 \cdot \cos \varphi \, \text{cm}$$

Damit ist bereits gezeigt, dass $\overline{B_n E_n}(\varphi) = 3 \cdot \sin \varphi \, \text{cm}$ gilt. Mit $\overline{AC} = 2\,\text{cm}$ gilt weiterhin:

$$\overline{A E_n} = \overline{AC} + \overline{C E_n} = 2\,\text{cm} + 3 \cdot \cos \varphi \, \text{cm} = \underline{(3 \cdot \cos \varphi + 2)\,\text{cm}}$$

A 1.2   Das Volumen entspricht dem des Kegels, der bei Rotation des Dreiecks $B_n D_n A$ entsteht abzüglich dem des Kegels, der bei Rotation des Dreiecks $B_n D_n C$ entsteht. Die Grundfläche beider Kegel ist der Kreis, der bei der Rotation von $[B_n E_n]$ entsteht. Für dessen Fläche G gilt:

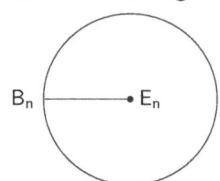

$$G = \pi \cdot \overline{B_n E_n}^2 = \pi \cdot (3 \cdot \sin \varphi)\,\text{cm}^2$$
$$= \pi \cdot 9 \sin^2 \varphi \, \text{cm}^2$$

Damit gilt für das Volumen:

$$V(\varphi) = V_{B_n D_n A} - V_{B_n D_n C}$$
$$= \frac{1}{3} \cdot G \cdot \overline{A E_n} - \frac{1}{3} \cdot G \cdot \overline{C E_n}$$
$$= \frac{1}{3} \cdot \pi \cdot 9 \sin^2 \varphi \, \text{cm}^2 \cdot (3 \cdot \cos \varphi + 2)\,\text{cm} - \frac{1}{3} \cdot \pi \cdot 9 \sin^2 \varphi \, \text{cm}^2 \cdot 3 \cdot \cos \varphi \, \text{cm}$$
$$= \left(\pi \cdot 9 \sin^2 \varphi \cdot \cos \varphi + \frac{2}{3}\pi \cdot 9 \sin^2 \varphi - \pi \cdot 9 \sin^2 \varphi \cdot \cos \varphi \right)\,\text{cm}^3$$
$$= \underline{6\pi \cdot \sin^2 \varphi \, \text{cm}^3}$$

A 1.3   Mit $\varphi \in {]0°; 90°[}$ ist $0 < (\sin^2 \varphi) < 1$. Damit ist

$$\underbrace{6 \cdot \pi \cdot 0\,\text{cm}^3}_{=0} < V(\varphi) < \underbrace{6 \cdot \pi \cdot 1\,\text{cm}^3}_{=6\pi\,\text{cm}^3}$$

Da $6\pi\,\text{cm}^3$ nicht mit im Bereich liegt, gibt es auch keinen Körper mit diesem Volumen; Aussage 1 ist falsch.
Mit Volumen bis $6\pi\,\text{cm}^3$ existieren jedoch durchaus Volumen, die größer als $6\,\text{cm}^3$ sind. Aussage 2 ist ebenfalls falsch.
Da $6\pi\,\text{cm}^3$ die obere Grenze des Bereichs angibt, ist $V(\varphi) < 6\pi\,\text{cm}^3$. Aussage 4 ist demnach falsch und **Aussage 3 richtig**.

A9 Original-Prüfung 2021 Realschule Bayern Teil A A3 (adaptiert)

A 1.0   Gegeben ist ein Schrägbild des
        Würfels ABCDEFGH mit $\overline{AB} =$
        4 cm.

        P ist der Mittelpunkt der Strecke
        [AD]. Q ist der Mittelpunkt der
        Strecke [AC] und R ist der Mit-
        telpunkt der Strecke [EG].

        Runden Sie im Folgenden auf zwei
        Stellen nach dem Komma.

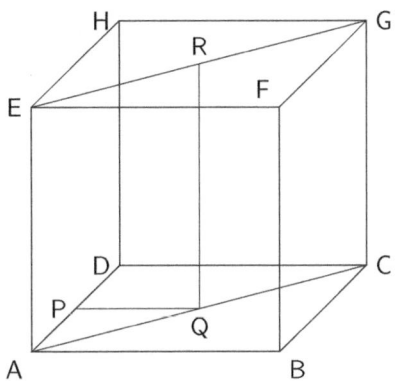

A 1.1   Punkte $S_n \in$ [QR] legen zusammen mit P und Q Winkel QPS_n mit dem Maß φ fest.   1 P

        Sie sind für $\varphi \in$ [0°; 63,43°[die Spitzen von Pyramiden $EFGHS_n$ mit der Grundfläche
        EFGH.

        Zeichnen Sie die Strecke $[PS_1]$ und die Pyramide $EFGHS_1$ für $\varphi = 30°$ in die Zeichnung
        zu A 3.0 ein.

A 1.2   Zeigen Sie rechnerisch, dass für das Volumen V der Pyramiden $EFGHS_n$ in Abhängig-   3 P
        keit von φ gilt: $V(\varphi) = (21{,}33 - 10{,}67 \cdot \tan\varphi)\,\text{cm}^3$.

A 1.3   Unter den Pyramiden $EFGHS_n$ hat die Pyramide $EFGHS_0$ das maximale Volumen V_0.   2 P
        Begründen Sie, weshalb gilt: $V_{\text{Würfel}} : V_0 = 3 : 1$.

A9 Lösung   Original-Prüfung 2021 Realschule Bayern Teil A A3 (adaptiert)

A 1.1   Von der Strecke [PQ] wird am Punkt P der Winkel $\varphi = 30°$ abgetragen. Der Schnittpunkt dieser Abtragung mit [QR] legt den Punkt S_1 fest. Damit kann nun die Strecke [PS$_1$] und die Pyramide EFGHS$_1$ eingezeichnet werden:

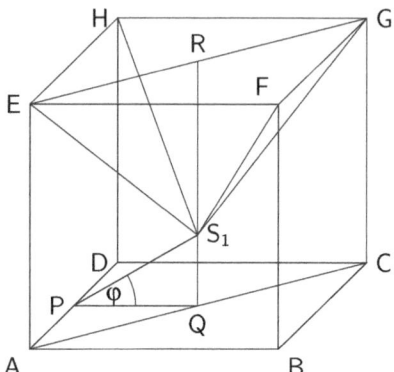

A 1.2   Das Volumen der Pyramide ergibt sich aus Grundfläche A_G und Höhe h. Die Grundfläche ist dabei das Quadrat EFGH und die Höhe ist $\overline{RS_n}$:

$$V = \frac{1}{3} \cdot G \cdot h = \frac{1}{3} \cdot \overline{EF}^2 \cdot \overline{RS_n}$$

Dabei ist $\overline{EF} = 4\,\text{cm}$ gegeben. Da $\overline{RS_n}$ ein Teilstück von $\overline{QR}$ ist, gilt:

$$\overline{RS_n} + \overline{QS_n} = \overline{QR} \qquad |-\overline{QS_n}$$
$$\Longleftrightarrow \qquad \overline{RS_n} = \overline{QR} - \overline{QS_n}$$

Dabei ist $\overline{QR} = 4\,\text{cm}$. Die Länge $\overline{QS_n}$ kann im Dreieck PQS$_n$ in Abhängigkeit des Winkels φ bestimmt werden:

$$\tan\varphi = \frac{\overline{QS_n}}{\overline{PQ}}$$
$$\Longleftrightarrow \qquad \tan\varphi = \frac{\overline{QS_n}}{0,5 \cdot 4\,\text{cm}} \qquad |\cdot(2\,\text{cm})$$
$$\Longleftrightarrow \qquad \overline{QS_n} = 2 \cdot \tan\varphi\,\text{cm}$$

Daraus folgt:

$$\overline{RS_n} = \overline{QR} - \overline{QS_n} = 4\,\text{cm} - 2 \cdot \tan\varphi\,\text{cm} = (4 - 2 \cdot \tan\varphi)\,\text{cm}$$

Somit sind alle Größen bekannt um das Volumen des Würfels zu bestimmen:

$$V = \frac{1}{3} \cdot \overline{EF}^2 \cdot \overline{RS_n} = \frac{1}{3} \cdot (4\,\text{cm})^2 \cdot (4 - 2 \cdot \tan\varphi)\,\text{cm} = \left(\frac{4^2 \cdot 4}{3} - \frac{4^2 \cdot 2 \cdot \tan\varphi}{3}\right)\,\text{cm}^3$$
$$\approx \underline{(21,33 - 10,67 \cdot \tan\varphi)\,\text{cm}^3}$$

A 1.3   Das Volumen der Pyramide wird maximal, wenn die Höhe $\overline{RS_n}$ maximal wird, was der Fall ist, wenn S_0 auf Q liegt. In diesem Fall ist dann:

$$V_0 = \frac{1}{3} \cdot A_G \cdot h = \frac{1}{3} \cdot \overline{EF}^2 \cdot \overline{RS_0} = \frac{1}{3} \cdot \overline{EF}^2 \cdot \overline{RQ} = \frac{1}{3} \cdot \underbrace{4^2 \cdot 4\,cm^3}_{=V_{Würfel}} = \frac{1}{3} \cdot V_{Würfel}$$

Demnach ist in diesem Fall $V_{Würfel} : V_0 = 3 : 1$.

A10 Original-Prüfung 2022 Realschule Bayern Teil A A2 (adaptiert)

A 1.0   Die Strecke [BC] mit dem Mittelpunkt M ist die Basis des gleichschenkligen Dreiecks ABC. Dieses Dreieck ist die Grundfläche der Pyramide ABCS mit der Höhe [MS].

Es gilt: $\overline{BC} = 10\,cm$; $\overline{AM} = 9\,cm$; $\overline{MS} = 7\,cm$.

Die Zeichnung zeigt ein Schrägbild der Pyramide ABCS.

In der Zeichnung gilt: $q = \dfrac{1}{2}$; $\omega = 45°$; [AM] liegt auf der Schrägbildachse.

Runden Sie im Folgenden auf zwei Stellen nach dem Komma.

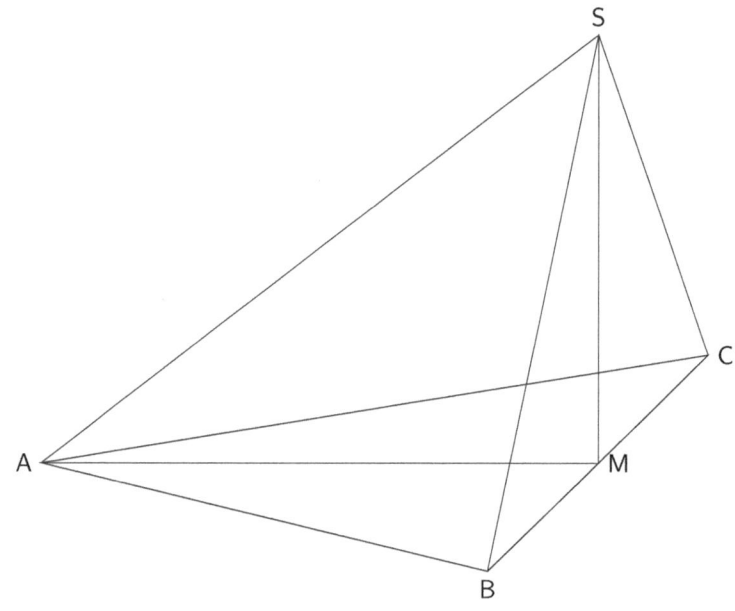

A 1.1   Berechnen Sie das Maß des Winkels ASM.   1 P

[Ergebnis: $\sphericalangle ASM = 52{,}13°$]

A 1.2   Punkte P_n liegen auf der Strecke [AS]. Die Winkel SMP_n haben das Maß φ mit   2 P
$\varphi \in\,]0°;\,90°[$. Punkte Q_n liegen auf der Strecke [AM] mit $[P_nQ_n] \perp [AM]$. Die Dreiecke BCQ_n sind die Grundflächen der Pyramiden BCQ_nS mit der Spitze S und der Höhe [MS].

Zeichnen Sie die Strecken $[MP_1]$ und $[P_1Q_1]$ sowie die Pyramide BCQ_1S für $\varphi = 60°$ in das Schrägbild zu A 2.0 ein.

A 1.3   Zeigen Sie rechnerisch, dass für die Länge der Strecken $[MP_n]$ in Abhängigkeit von φ 3 P
gilt: $\overline{MP_n}(\varphi) = \dfrac{5{,}53}{\sin(\varphi + 52{,}13°)}\ cm.$

Die Länge der Strecke $[MP_0]$ ist minimal. Geben Sie den zugehörigen Wert für φ an.

A 1.4   Zeigen Sie rechnerisch, dass für die Länge der Strecken $[MQ_n]$ in Abhängigkeit von φ 3 P

gilt: $\overline{MQ_n}(\varphi) = \dfrac{5{,}53 \cdot \sin \varphi}{\sin(\varphi + 52{,}13°)}$ cm.

Berechnen Sie sodann das Volumen der Pyramide BCQ_1S.

A10 Lösung Original-Prüfung 2022 Realschule Bayern Teil A A2 (adaptiert)

A 1.1 Um den Winkel ∢ASM zu bestimmen, wird das Dreieck AMS betrachtet (siehe Skizze). Für dieses Dreieck ist $\overline{AM} = 9\,cm$ und $\overline{MS} = 7\,cm$ gegeben.

Skizze:

$$\tan \sphericalangle ASM = \frac{\overline{AM}}{\overline{MS}}$$
$$= \frac{9}{7}$$
$$\Rightarrow \quad \underline{\sphericalangle ASM \approx 52{,}13°}$$

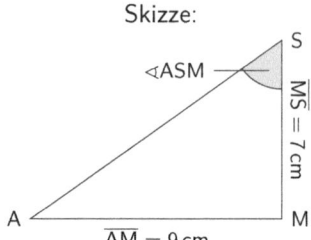

A 1.2 Einzeichnen der Strecke $[MP_1]$ durch Abtragen des Winkels $\varphi = 60°$. Senkrecht unter P_1 kann dann Q_1 auf der Strecke $[AM]$ eingezeichnet werden. Schließlich kann die Pyramide eingezeichnet werden.
Vollständige Zeichnung:

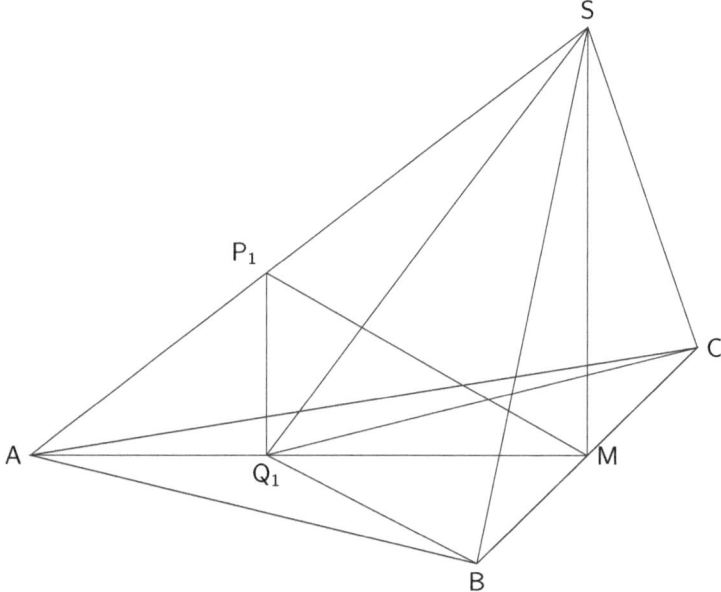

A 1.3 Als Ansatz für die Bestimmung der Länge der Strecke $[MP_n]$ wird das Dreieck MSP_n betrachtet (siehe Skizze). Darin wird der Sinussatz verwendet:

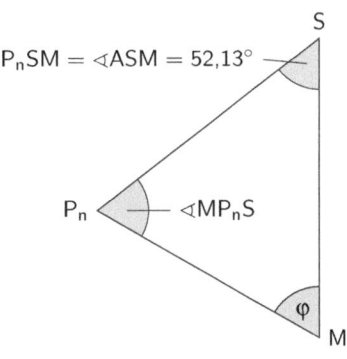

$$\frac{\overline{MP_n}}{\sin(\sphericalangle P_nSM)} = \frac{\overline{MS}}{\sin(\sphericalangle MP_nS)}$$

$$\sphericalangle P_nSM = \sphericalangle ASM = 52{,}13°$$

Dabei ist $\sphericalangle P_nSM = \sphericalangle ASM = 52{,}13°$. Aufgrund der Innenwinkelsumme im Dreieck gilt damit:

$$\sphericalangle MP_nS = 180° - \varphi - 52{,}13° = 180° - (\varphi + 52{,}13°)$$

Setzt man diesen Zusammenhang und die bereits bekannten Größen in die Gleichung ein, gilt:

$$\frac{\overline{MP_n}}{\sin(\sphericalangle P_nSM)} = \frac{\overline{MS}}{\sin(\sphericalangle MP_nS)}$$

$$\Longleftrightarrow \quad \frac{\overline{MP_n}}{\sin(52{,}13°)} = \frac{7\ \text{cm}}{\sin(180° - (\varphi + 52{,}13°))} \qquad |\cdot \sin(52{,}13°)$$

$$\Longleftrightarrow \quad \overline{MP_n} = \frac{5{,}53}{\sin(180° - (\varphi + 52{,}13°))}\ \text{cm}$$

Es wird nun verwendet, dass $\sin(180° - x) = \sin(x)$ gilt. Damit ergibt sich:

$$\overline{MP_n} = \frac{5{,}53}{\sin(180° - (\varphi + 52{,}13°))}\ \text{cm} = \frac{5{,}53}{\sin(\varphi + 52{,}13°)}\ \text{cm}$$

Die Strecke $[MP_0]$ wird minimal, wenn der Nenner $\sin(\varphi + 52{,}13°)$ möglichst groß ist. Der Sinus wird maximal für $90°$, sodass gilt:

$$\varphi + 52{,}13° = 90° \qquad |-52{,}13°$$

$$\Longleftrightarrow \quad \varphi = 37{,}87°$$

Die minimale Strecke $[MP_0]$ ergibt sich für $\underline{\underline{\varphi = 37{,}87°}}$.

A 1.4   Für die Berechnung der Länge $\overline{MQ_n}$ wird der Kosinus im rechtwinkligen Dreieck Q_nMP_n betrachtet (siehe Skizze):

Wie in der Skizze zu sehen ist, gilt

$$\sphericalangle Q_nMP_n = 90° - \varphi$$

Im Dreieck gilt dann:

$$\cos(\sphericalangle Q_nMP_n) = \cos(90° - \varphi) = \frac{\overline{MQ_n}}{\overline{MP_n}}$$

Mit $\cos(90° - x) = \sin(x)$ gilt weiterhin:

$$\cos(90° - \varphi) = \sin\varphi = \frac{\overline{MQ_n}}{\overline{MP_n}}$$

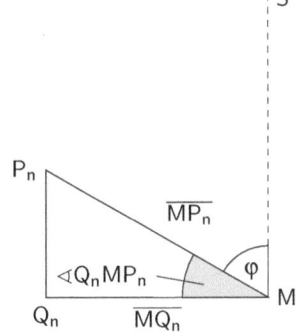

Umgeformt ergibt sich daraus:

$$\sin(\varphi) = \frac{\overline{MQ_n}}{\overline{MP_n}} \qquad |\cdot \overline{MP_n}$$

$$\Longleftrightarrow \qquad \overline{MQ_n} = \sin\varphi \cdot \overline{MP_n}$$

$$\Longleftrightarrow \qquad \overline{MQ_n} = \sin\varphi \cdot \frac{5{,}53}{\sin(\varphi + 52{,}13°)}\ cm$$

$$\Longleftrightarrow \qquad \overline{MQ_n} = \frac{5{,}53 \cdot \sin\varphi}{\sin(\varphi + 52{,}13°)}\ cm$$

Übungsteil - Abbildungen

A1 Original-Prüfung 2013 Realschule Bayern Teil B1 (adaptiert)

A 1.0 Gegeben ist die Funktion f_1 mit der Gleichung $y = 2 \cdot \log_2(x+5) + 3$ mit $\mathbb{G} = \mathbb{R} \times \mathbb{R}$.

A 1.1 Geben Sie die Definitionsmenge und die Wertemenge der Funktion f_1 sowie die   4 P
Gleichung der Asymptote h an und zeichnen Sie sodann den Graphen zu f_1 für
$x \in [-4{,}5;\ 8]$ in ein Koordinatensystem.
Für die Zeichnung: Längeneinheit 1 cm; $-6 \leqq x \leqq 8$; $-4 \leqq y \leqq 11$.

A 1.2 Der Graph der Funktion f_1 wird durch Achsenspiegelung an der x-Achse und an-   3 P
schließende Parallelverschiebung mit dem Vektor $\vec{v} = \begin{pmatrix} -1 \\ 8 \end{pmatrix}$ auf den Graphen der
Funktion f_2 abgebildet. Zeigen Sie rechnerisch, dass die Funktion f_2 die Gleichung
$y = -2 \cdot \log_2(x+6) + 5$ besitzt ($\mathbb{G} = \mathbb{R} \times \mathbb{R}$) und zeichnen Sie sodann den Graphen
zu f_2 in das Koordinatensystem zu 1.1 ein.

A 1.3 Punkte $A_n\left(x \mid 2 \cdot \log_2(x+5) + 3\right)$ auf dem Graphen zu f_1 und Punkte   2 P
$B_n\left(x \mid -2 \cdot \log_2(x+6) + 5\right)$ auf den Graphen zu f_2 haben dieselbe Abszisse x. Sie
sind für $x > -4$ zusammen mit dem Schnittpunkt $S(-4 \mid 3)$ der Graphen zu f_1 und
f_2 und Punkten C_n die Eckpunkte von Parallelogrammen $A_n S B_n C_n$.
Zeichnen Sie die Parallelogramme $A_1 S B_1 C_1$ für $x = 0$ und $A_2 S B_2 C_2$ für $x = 2$ in das
Koordinatensystem zu 1.1 ein.

A 1.4 Zeigen Sie rechnerisch, dass für die Koordinaten der Diagonalenschnittpunkte M_n der   3 P
Parallelogramme $A_n S B_n C_n$ in Abhängigkeit von der Abszisse x der Punkte A_n gilt:

$$M_n\left(x \,\middle|\, \log_2 \frac{x+5}{x+6} + 4\right).$$

Berechnen Sie sodann die Koordinaten des Diagonalenschnittpunktes M_3 für
$C_3\left(16 \,\middle|\, y_{C_3}\right)$ mit $y_{C_3} \in \mathbb{R}$.

A 1.5 Berechnen Sie die Koordinaten der Punkte C_n in Abhängigkeit von x.   2 P

A 1.6 Begründen Sie durch Rechnung, dass es unter den Parallelogrammen $A_n S B_n C_n$ keine   3 P
Raute gibt.

A1 Lösung Original-Prüfung 2013 Realschule Bayern Teil B1 (adaptiert)

A 1.2 Um die Definitionsmenge von f_1 zu bestimmen, überlegt man sich, wo die einschränkende Bedingung liegt. Diese liegt beim Term der Logarithmusfunktion $\log_2(x+5)$, welcher positiv sein muss, also muss $x + 5 > 0$ gelten. Dies ist äquivalent zu $x > -5$. Die Definitionsmenge lautet also

$$\underline{\mathbb{D}_{f_1} = \{x \mid x > -5\}} \quad \text{mit } x \in \mathbb{R}.$$

Somit lautet die Gleichung der Asymptote $h\colon x = -5$.
Die Wertemenge ist bei einer Logarithmusfunktion stets ganz $\mathbb{R}$, also $\mathbb{W}_{f_1} = \mathbb{R}$.

Zeichnen des Graphen zu f_1:
(**Hinweis:** Die Darstellung ist nicht maßstabsgetreu, da die Zeichnung für den Buchdruck skaliert wurde.)

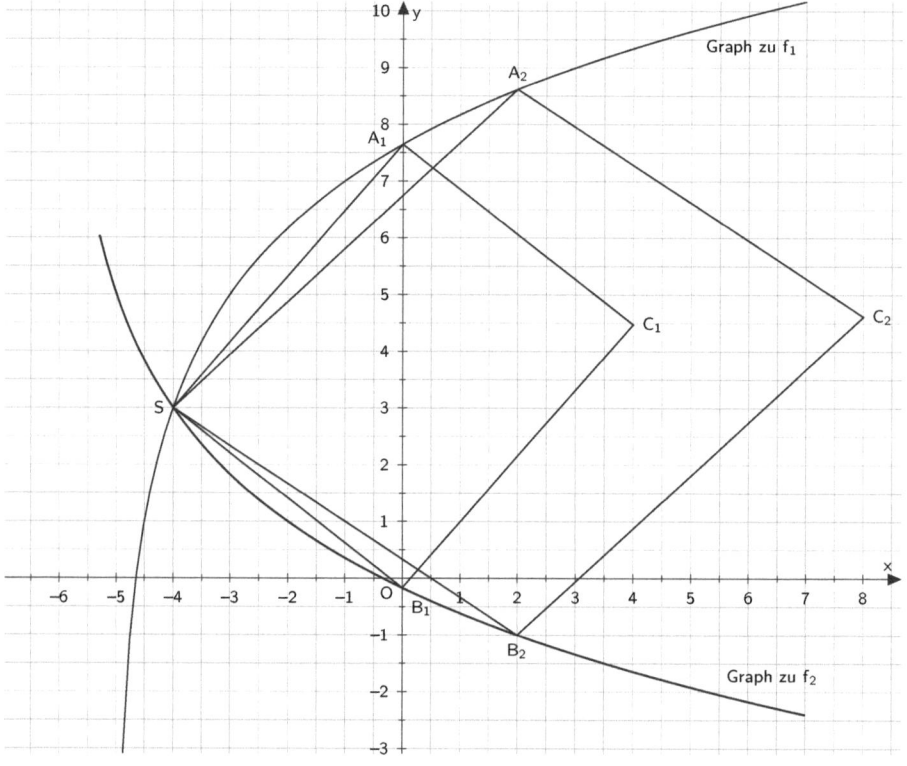

A 1.3 Zuerst wird der Graph der Funktion f_1 durch Achsenspiegelung an der x-Achse gespiegelt. Für $\mathbb{G} = \mathbb{R} \times \mathbb{R}$, $x \in \mathbb{R}$ und $x > -5$ gilt also:

$$\begin{pmatrix} x' \\ y' \end{pmatrix} = \begin{pmatrix} 1 & 0 \\ 0 & -1 \end{pmatrix} \odot \begin{pmatrix} x \\ 2 \cdot \log_2(x+5) + 3 \end{pmatrix}$$

$$\Longleftrightarrow \quad \begin{pmatrix} x' \\ y' \end{pmatrix} = \begin{pmatrix} 1 \cdot x + 0 \cdot (2 \cdot \log_2(x+5) + 3) \\ 0 \cdot x + (-1) \cdot (2 \cdot \log_2(x+5) + 3) \end{pmatrix}$$

$$\Longleftrightarrow \quad \begin{pmatrix} x' \\ y' \end{pmatrix} = \begin{pmatrix} x \\ -1 \cdot (2 \cdot \log_2(x+5) + 3) \end{pmatrix}$$

$$\Longleftrightarrow \quad \begin{pmatrix} x' \\ y' \end{pmatrix} = \begin{pmatrix} x \\ -2 \cdot \log_2(x+5) - 3 \end{pmatrix}$$

Dies führt zu dem Gleichungssystem

$$x' = x$$
$$\wedge \quad y' = -2 \cdot \log_2(x+5) - 3$$

Einsetzen von $x = x'$ in die zweite Gleichung ergibt:

$$y' = -2 \cdot \log_2(x'+5) - 3$$

Die Abbildung von f_1 durch Achsenspiegelung an der x-Achse ist nun abgeschlossen. Jetzt fehlt noch die Parallelverschiebung mit dem Vektor $\vec{v} = \begin{pmatrix} -1 \\ 8 \end{pmatrix}$. Für $\mathbb{G} = \mathbb{R} \times \mathbb{R}$, $x' \in \mathbb{R}$ und $x' > -5$ ergibt sich:

$$\begin{pmatrix} x'' \\ y'' \end{pmatrix} = \begin{pmatrix} x' \\ -2 \cdot \log_2(x'+5) - 3 \end{pmatrix} \oplus \begin{pmatrix} -1 \\ 8 \end{pmatrix}$$

$$\Longleftrightarrow \quad \begin{pmatrix} x'' \\ y'' \end{pmatrix} = \begin{pmatrix} x' - 1 \\ -2 \cdot \log_2(x'+5) + 5 \end{pmatrix}$$

Dies führt wiederum zu dem Gleichungssystem:

$$x'' = x' - 1$$
$$\wedge \quad y'' = -2 \cdot \log_2(x'+5) + 5$$

Umformen der ersten Gleichung ergibt $x' = x'' + 1$. In die zweite Gleichung eingesetzt erhält man:

$$y'' = -2 \cdot \log_2(x''+6) + 5$$

Somit lautet die Gleichung der Funktion $f_2 : y = -2 \cdot \log_2(x+6) + 5$, $\mathbb{G} = \mathbb{R} \times \mathbb{R}$.

Einzeichnen des Graphen zu f_2: Siehe Zeichnung zu Aufgabe B 1.1.

A 1.4   Es gilt: $A_1 (0 \mid 7{,}64)$, $B_1 (0 \mid -0{,}17)$, $A_2 (2 \mid 8{,}61)$ und $B_2 (2 \mid -1)$.

Einzeichnen der Parallelogramme $A_1 S B_1 C_1$ für $x = 0$ und $A_2 S B_2 C_2$ für $x = 2$, siehe Zeichnung zu Aufgabe B 1.1.

A 1.5   Da die Diagonalen in einem Parallelogramm sich gegenseitig halbieren, ist die Berechnung des Mittelpunkts der Strecke $[A_n B_n]$ zielführend. Dann gilt für $x > -4$ und $x \in \mathbb{R}$:

$$M_n \left(\frac{x_{A_n} + x_{B_n}}{2} \; \middle| \; \frac{y_{A_n} + y_{B_n}}{2} \right)$$

$$\Longleftrightarrow \quad M_n \left(\frac{x + x}{2} \; \middle| \; \frac{2 \cdot \log_2(x+5) + 3 + (-2 \cdot \log_2(x+6) + 5)}{2} \right)$$

Abbildungen

$$\Longleftrightarrow \quad M_n\left(x \,\middle|\, \frac{2\cdot[\log_2(x+5)-\log_2(x+6)]+8}{2}\right)$$

$$\Longleftrightarrow \quad M_n\left(x \,\middle|\, \frac{2\cdot[\log_2(x+5)-\log_2(x+6)]}{2}+\frac{8}{2}\right)$$

$$\Longleftrightarrow \quad M_n\left(x \,\middle|\, \log_2(x+5)-\log_2(x+6)+4\right)$$

$$\Longleftrightarrow \quad \underline{M_n\left(x \,\middle|\, \log_2\left(\frac{x+5}{x+6}\right)+4\right)}$$

Für die Koordinaten des Diagonalenschnittpunktes M_3 für $C_3\left(16\,\middle|\,y_{C_3}\right)$ muss zuerst der Mittelpunkt der Strecke $[SC_3]$ bestimmt werden: $x_{M_3}=\frac{-4+16}{2}=6$. Einsetzen in die Koordinaten von M_3 ergibt dann:

$$M_n\left(6 \,\middle|\, \log_2\left(\frac{6+5}{6+6}\right)+4\right) \quad \Longleftrightarrow \quad \underline{M_n\left(6\,\middle|\,3{,}87\right)}$$

A 1.6   Um die Koordinaten von C_n zu berechnen, verwendet man die Vektoraddition. Mit $\mathbb{G}=\mathbb{R}\times\mathbb{R}$; $x>-4$ und $x\in\mathbb{R}$ gilt:

$$\overrightarrow{OC_n}=\overrightarrow{OM_n}\oplus\overrightarrow{SM_n}$$

$$\Longleftrightarrow \quad \overrightarrow{OC_n}=\begin{pmatrix}x\\\log_2\left(\frac{x+5}{x+6}\right)+4\end{pmatrix}\oplus\begin{pmatrix}x-(-4)\\\log_2\left(\frac{x+5}{x+6}\right)+4-3\end{pmatrix}$$

$$\Longleftrightarrow \quad \overrightarrow{OC_n}=\begin{pmatrix}2x+4\\2\cdot\log_2\left(\frac{x+5}{x+6}\right)+5\end{pmatrix}$$

Somit sind die Koordinaten von $\underline{C_n\left(2x+4\,\middle|\,2\cdot\log_2\left(\frac{x+5}{x+6}\right)+5\right)}$.

A 1.7   Bei einer Raute müsste für den y-Wert des Diagonalenschnittpunktes gelten ($x>-4$ und $x\in\mathbb{R}$):

$$\log_2\left(\frac{x+5}{x+6}\right)+4=3 \qquad |-4$$

$$\Longleftrightarrow \qquad \log_2\left(\frac{x+5}{x+6}\right)=-1$$

Durch Substitution von $\frac{x+5}{x+6}$ mit z wird die Lösung der Gleichung ermittelt:

$$\log_2 z=-1$$

$$\Longleftrightarrow \qquad z=2^{-1}=0{,}5$$

Rücksubstituieren:

$$\frac{x+5}{x+6}=0{,}5 \qquad\qquad |\cdot(x+6)$$

$$\Longleftrightarrow \qquad x+5=0{,}5x+3 \qquad |-0{,}5x \quad |-5$$

$$\Longleftrightarrow \qquad 0{,}5x=-2 \qquad\qquad |\cdot 2$$

$$\Longleftrightarrow \qquad \underline{x=-4}$$

Nach Voraussetzung ist aber $x>-4$, d. h. $\mathbb{L}=\emptyset$. Somit existiert keine Raute.

A2 Original-Prüfung 2014 Realschule Bayern Teil A-A3 (adaptiert)

A 1.0   Punkte $B_n \left(x \mid -\frac{1}{4}x \right)$ auf der Geraden g mit der Gleichung $y = -\frac{1}{4}x$ $(\mathbb{G} = \mathbb{R} \times \mathbb{R})$ bilden für $x \in \,]0; 7,8[$ zusammen mit den Punkten $A(0 \mid 0)$, $C(4,5 \mid 3)$ und D_n Drachenvierecke AB_nCD_n mit der Symmetrieachse AC.

A 1.1   Zeichnen Sie die Gerade g, die Symmetrieachse AC sowie das Drachenviereck AB_1CD_1 2 P für $x = 2$ und das Drachenviereck AB_2CD_2 für $x = 4$ in das Koordinatensystem ein. (**Hinweis:** Das Koordinatensystem ist nicht maßstabsgetreu, da die Zeichnung für den Buchdruck skaliert wurde.)

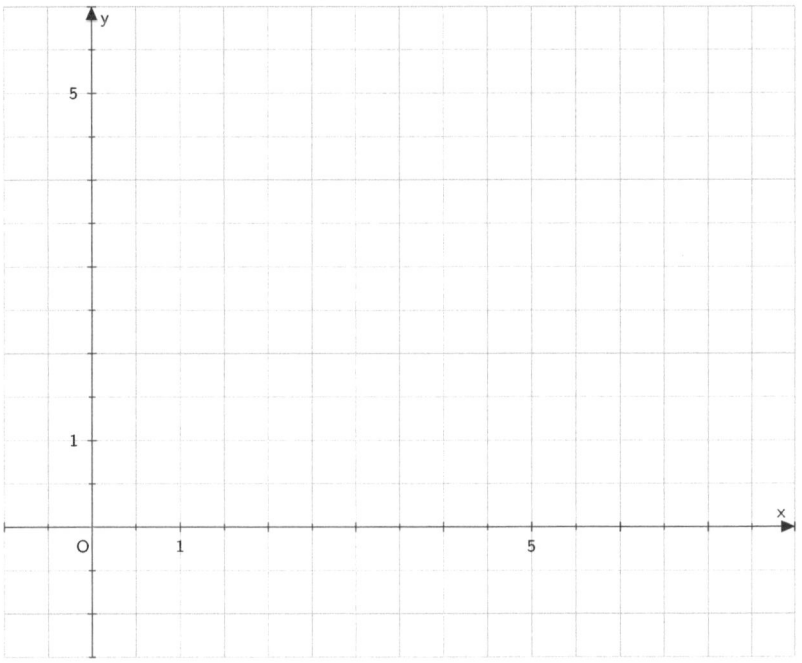

A 1.2   Berechnen Sie die Koordinaten der Punkte D_n in Abhängigkeit von der Abszisse x   3 P der Punkte B_n.

A2 Lösung

Original-Prüfung 2014 Realschule Bayern Teil A - A3 (adaptiert)

A 1.1   Einzeichnen der Geraden g und der Drachenvierecke AB_1CD_1 und AB_2CD_2:
(**Hinweis:** Die Darstellung ist nicht maßstabsgetreu, da die Zeichnung für den Buchdruck skaliert wurde.)

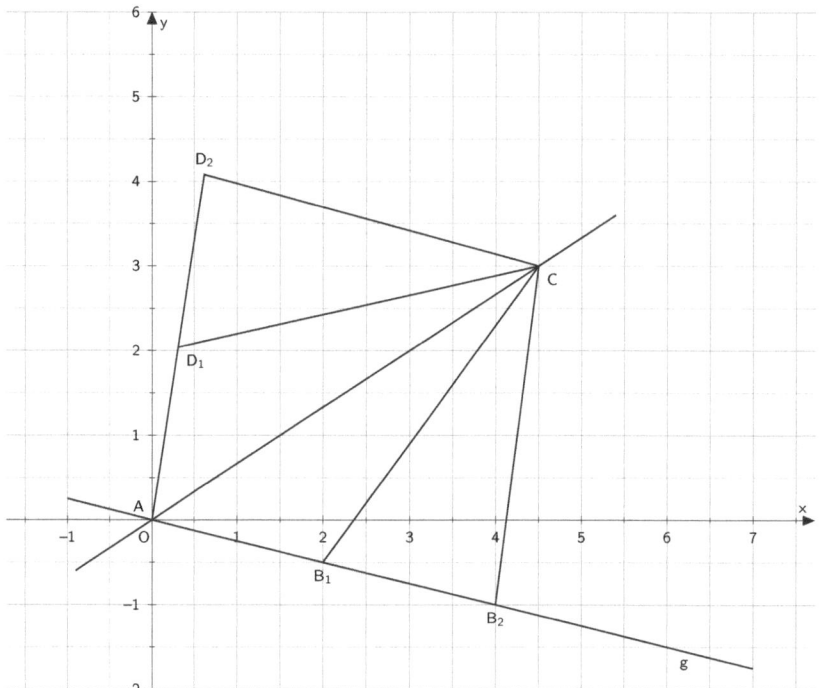

A 1.2   Die Punkte D_n gehen durch Achsenspiegelung der Punkte B_n an der Spiegelachse AC hervor. Also $B_n \overset{AC}{\longmapsto} D_n$. Es wird also die Gerade AC benötigt. Diese ist eine Ursprungsgerade und hat gerade die Steigung des Vektors $\overrightarrow{AC}$:

$$\overrightarrow{AC} = \begin{pmatrix} 4{,}5 - 0 \\ 3 - 0 \end{pmatrix} = \begin{pmatrix} 4{,}5 \\ 3 \end{pmatrix}$$

Beliebige Vielfache dieses Vektors bilden beliebige Steigungen der Gerade AC. Zum Beispiel

$$m_{AC} = \frac{3}{4{,}5} = \frac{6}{9} = \frac{2}{3}$$

Somit hat AC die Gleichung $y = \frac{2}{3}x$. Für die Durchführung der Achsenspiegelung wird noch der Winkel, den die Gerade AC mit der x-Achse einschließt, benötigt:

$$\tan \varphi = \frac{2}{3} \qquad \Rightarrow \qquad \underline{\varphi = 33{,}69°}$$

Für $\mathbb{G} = \mathbb{R} \times \mathbb{R}$ und $x \in \,]0;\, 7{,}8[$ wird die Abbildung nun durch die folgende Matrixgleichung beschrieben:

$$\begin{pmatrix} x' \\ y' \end{pmatrix} = \begin{pmatrix} \cos 2\varphi & \sin 2\varphi \\ \sin 2\varphi & -\cos 2\varphi \end{pmatrix} \odot \begin{pmatrix} x \\ -\frac{1}{4}x \end{pmatrix}$$

$$\Longleftrightarrow \quad \begin{pmatrix} x' \\ y' \end{pmatrix} = \begin{pmatrix} \cos 67{,}38° & \sin 67{,}38° \\ \sin 67{,}38° & -\cos 67{,}38° \end{pmatrix} \odot \begin{pmatrix} x \\ -\frac{1}{4}x \end{pmatrix}$$

$$\Longleftrightarrow \quad \begin{pmatrix} x' \\ y' \end{pmatrix} = \begin{pmatrix} 0{,}38 & 0{,}92 \\ 0{,}92 & -0{,}38 \end{pmatrix} \odot \begin{pmatrix} x \\ -\frac{1}{4}x \end{pmatrix}$$

$$\Longleftrightarrow \quad \begin{pmatrix} x' \\ y' \end{pmatrix} = \begin{pmatrix} 0{,}38x - 0{,}23x \\ 0{,}92x + 0{,}10x \end{pmatrix}$$

$$\Longleftrightarrow \quad \begin{pmatrix} x' \\ y' \end{pmatrix} = \begin{pmatrix} 0{,}15x \\ 1{,}02x \end{pmatrix}$$

Somit haben die Punkt D_n die Koordinaten $\underline{D_n\,(0{,}15x \mid 1{,}02x)}$.

A3 Original-Prüfung 2016 Realschule Bayern Teil B1 (adaptiert)

A 1.0   Punkte $B_n(x \mid -0,3x - 1)$ liegen auf der Geraden g mit der Gleichung $y = -0,3x - 1$
mit $\mathbb{G} = \mathbb{R} \times \mathbb{R}$. Sie sind zusammen mit dem Punkt $A(0 \mid 0)$ sowie Punkten C_n und
D_n für $x > 0,84$ Eckpunkte von Drachenvierecken $AB_nC_nD_n$ mit den Diagonalen-
schnittpunkten M_n.
Die Diagonalen $[AC_n]$ der Drachenvierecke $AB_nC_nD_n$ liegen auf der Symmetrieachse
h mit der Gleichung $y = \frac{2}{3}x$ ($\mathbb{G} = \mathbb{R} \times \mathbb{R}$). Es gilt: $\overrightarrow{AC_n} = 4 \cdot \overrightarrow{AM_n}$.
Runden Sie im Folgenden auf zwei Stellen nach dem Komma.

A 1.1   Zeichnen Sie die Geraden g und h sowie die Drachenvierecke $AB_1C_1D_1$ für $x = 3$ und   4 P
$AB_2C_2D_2$ für $x = 5$ in ein Koordinatensystem.
Für die Zeichnung : Längeneinheit 1 cm; $-2 \leqq x \leqq 10$; $-3 \leqq y \leqq 8$

A 1.2   Bestimmen Sie rechnerisch die Koordinaten der Punkte D_n in Abhängigkeit von der   3 P
Abszisse x der Punkte B_n.
[Ergebnis: $D_n(0,11x - 0,92 \mid 1,04x + 0,38)$]

A 1.3   Der Punkt D_3 liegt auf der y-Achse.   2 P
Berechnen Sie die Koordinaten des Punktes B_3 .

A 1.4   Berechnen Sie die Koordinaten der Punkte M_n und C_n in Abhängigkeit von der   2 P
Abszisse x der Punkte B_n.
[Ergebnis: $C_n(2,24x - 1,84 \mid 1,48x - 1,24)$]

A 1.5   Das Drachenviereck $AB_4C_4D_4$ ist bei B_4 rechtwinklig.   4 P
Berechnen Sie den zugehörigen Wert für x.

A 1.6   Die Seite $[C_5D_5]$ des Drachenvierecks $AB_5C_5D_5$ verläuft parallel zur x-Achse.   2 P
Begründen Sie, dass gilt: $\sphericalangle D_5C_5B_5 = 67,38°$.

A3 Lösung — Original-Prüfung 2016 Realschule Bayern Teil B1 (adaptiert)

A 1.1 Um die Drachenvierecke zu zeichnen werden zunächst die y-Koordinaten der Punkte B_n bestimmt, indem der jeweilige Wert für x eingesetzt wird:

$$B_1: \qquad y = -0{,}3 \cdot 3 - 1 = -1{,}9$$
$$B_2: \qquad y = -0{,}3 \cdot 5 - 1 = -2{,}5$$

Die Koordinaten der Punkte lauten somit $B_1\,(3\,|-1{,}9)$ und $B_2\,(5\,|-2{,}5)$. Nun können die grafischen Darstellungen der Geraden g und h, sowie der Punkte A, B_1 und B_2 erfolgen. Da die Drachenvierecke symmetrisch zur Gerade h sind, ergeben sich durch Achsenspiegelung von B_n an der Gerade h die Punkte D_1 und D_2. Die Schnittpunkte der Strecken $[B_nD_n]$ mit der Gerade h entsprechen den Diagonalenschnittpunkten M_n. Da laut Angabe $\overrightarrow{AC_n} = 4\overrightarrow{AM_n}$ ist, können schließlich die Punkte C_n und damit die kompletten Drachenvierecke gezeichnet werden:
(**Hinweis:** Die Darstellung ist nicht maßstabsgetreu, da die Zeichnung für den Buchdruck skaliert wurde.)

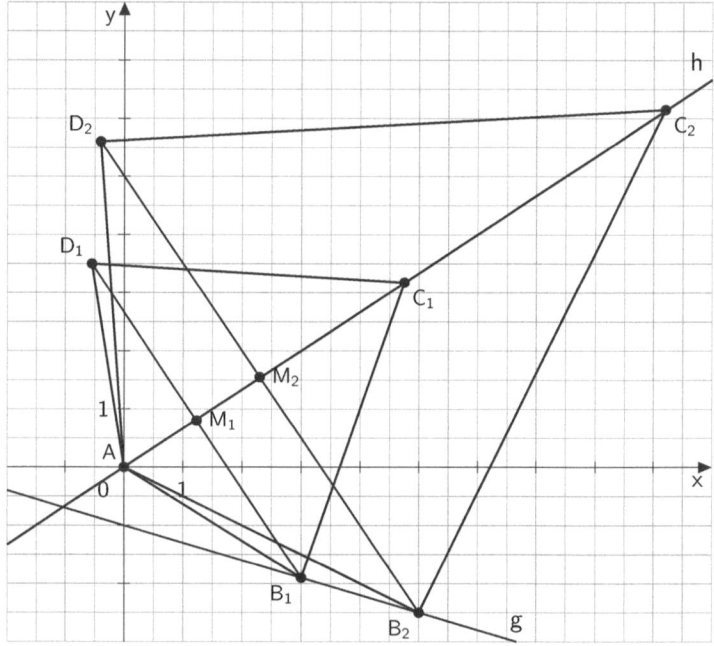

A 1.2 Die Punkte D_n gehen durch Achsenspiegelung der Punkte B_n an der Spiegelachse h hervor. Also $B_n \xrightarrow{h} D_n$. Die Gerade h hat die Gleichung $y = \tfrac{2}{3}x$, also eine Ursprungsgerade mit Anstieg $m = \tfrac{2}{3}$. Für die Durchführung der Achsenspiegelung wird der Winkel benötigt, den die Gerade h und die x-Achse einschließen:

$$\tan\varphi = m = \frac{2}{3} \qquad \Longleftrightarrow \qquad \underline{\underline{\varphi = 33{,}69^\circ}}$$

Abbildungen

Für $\mathbb{G} = \mathbb{R} \times \mathbb{R}, x \in \mathbb{R}$ und $x > 0,84$ wird die Abbildung nun durch die folgende Matrixgleichung beschrieben, wobei für x und y die Koordinaten der Punkte B_n eingesetzt werden. Als x' und y' ergeben sich dann die Koordinaten der Punkte D_n:

$$\begin{pmatrix} x' \\ y' \end{pmatrix} = \begin{pmatrix} \cos 2\varphi & \sin 2\varphi \\ \sin 2\varphi & -\cos 2\varphi \end{pmatrix} \odot \begin{pmatrix} x \\ y \end{pmatrix}$$

$$\Longleftrightarrow \quad \begin{pmatrix} x' \\ y' \end{pmatrix} = \begin{pmatrix} \cos 67,38° & \sin 67,38° \\ \sin 67,38° & -\cos 67,38° \end{pmatrix} \odot \begin{pmatrix} x \\ -0,3x - 1 \end{pmatrix}$$

$$\Longleftrightarrow \quad \begin{pmatrix} x' \\ y' \end{pmatrix} = \begin{pmatrix} 0,38 & 0,92 \\ 0,92 & -0,38 \end{pmatrix} \odot \begin{pmatrix} x \\ -0,3x - 1 \end{pmatrix}$$

$$\Longleftrightarrow \quad \begin{pmatrix} x' \\ y' \end{pmatrix} = \begin{pmatrix} 0,38x + 0,92 \cdot (-0,3x - 1) \\ 0,92x - 0,38 \cdot (-0,3x - 1) \end{pmatrix}$$

$$\Longleftrightarrow \quad \begin{pmatrix} x' \\ y' \end{pmatrix} = \begin{pmatrix} 0,38x - 0,27x - 0,92 \\ 0,92x + 0,12x + 0,38 \end{pmatrix}$$

$$\Longleftrightarrow \quad \begin{pmatrix} x' \\ y' \end{pmatrix} = \begin{pmatrix} 0,11x - 0,92 \\ 1,04x + 0,38 \end{pmatrix}$$

Somit haben die Punkt D_n die Koordinaten $\underline{D_n\,(0,11x - 0,92 \mid 1,04x + 0,38)}$.

A 1.3   Da der Punkt D_3 auf der y-Achse liegt, ist seine x-Koordinate $x_{D_3} = 0$. Laut Teilaufgabe 1.2 kann damit der Wert der Abszisse bestimmt werden:

$$x_{D_3} = 0$$
$$\Longleftrightarrow \quad 0,11x - 0,92 = 0 \qquad \mid + 0,92$$
$$\Longleftrightarrow \quad 0,11x = 0,92 \qquad \mid : 0,11$$
$$\Longleftrightarrow \quad \underline{x = 8,36}$$

Dieser Wert $x = 8,36$ kann nun in die Koordinaten von Punkt B_n eingesetzt werden um die Koordinaten von B_3 zu bestimmen:

$$\underline{B_3\,(x \mid -0,3x - 1)} \quad \Longleftrightarrow \quad \underline{B_3\,(8,36 \mid -3,51)}$$

A 1.4   Da die Punkte M_n genau zwischen den Punkten B_n und D_n liegen, gilt:

$$M_n\left(\frac{x_{B_n} + x_{D_n}}{2} \,\middle|\, \frac{y_{B_n} + y_{D_n}}{2}\right) \quad \Longleftrightarrow \quad M_n\left(\frac{x + 0,11x - 0,92}{2} \,\middle|\, \frac{-0,3x - 1 + 1,04x + 0,38}{2}\right)$$

$$\Longleftrightarrow \quad \underline{M_n\,(0,56x - 0,46 \mid 0,37x - 0,31)}$$

Da laut Aufgabe außerdem $\overrightarrow{AC_n} = 4 \cdot \overrightarrow{AM_n}$ gilt, ergeben sich die Koordinaten der Punkte C_n wie folgt:

$$C_n\,(4 \cdot (0,56x - 0,46) \mid 4 \cdot (0,37x - 0,31)) \quad \Longleftrightarrow \quad \underline{C_n\,(2,24x - 1,84 \mid 1,48x - 1,24)}$$

A 1.5   Wenn das Drachenviereck bei B_4 rechtwinklig ist, gilt $\overrightarrow{AB_4} \odot \overrightarrow{B_4C_4} = 0$. Damit folgt für den Wert der Abszisse:

$$\overrightarrow{AB_4} \odot \overrightarrow{B_4C_4} = 0$$

$$\Longleftrightarrow \quad \begin{pmatrix} x \\ -0,3x - 1 \end{pmatrix} \odot \begin{pmatrix} 2,24x - 1,84 - x \\ 1,48x - 1,24 - (-0,3x - 1) \end{pmatrix} = 0$$

$$\Longleftrightarrow \quad \begin{pmatrix} x \\ -0,3x - 1 \end{pmatrix} \odot \begin{pmatrix} 1,24x - 1,84 \\ 1,78x - 0,24 \end{pmatrix}$$

$$\Longleftrightarrow \quad 1,24x^2 - 1,84x - 0,534x^2 + 0,072x - 1,78x + 0,24 = 0$$

$$\Longleftrightarrow \quad \underline{0,706x^2 - 3,548x + 0,24 = 0}$$

In dieser Form kann nun die quadratische Lösungsformel verwendet werden:

$$x_{1;2} = \frac{3,548 \pm \sqrt{(-3,548)^2 - 4 \cdot 0,706 \cdot 0,24}}{2 \cdot 0,706}$$

$$\Longleftrightarrow \quad x_{1;2} = \frac{3,548 \pm \sqrt{11,911}}{1,412}$$

$$\Longleftrightarrow \quad \underline{x_1 \approx 0,07} \quad \vee \quad \underline{x_2 \approx 4,96}$$

Da laut Angabe $x > 0,84$ sein muss, ist $\mathbb{L} = \{4,96\}$.

A4   **Original-Prüfung 2017 Realschule Bayern Teil B1 (adaptiert)**

A 1.0   Gegeben ist die Funktion f_1 mit der Gleichung $y = -1{,}5 \cdot \log_{0{,}5}(x-1)$ mit $\mathbb{G} = \mathbb{R} \times \mathbb{R}$.

A 1.1   Geben Sie die Definitionsmenge und die Wertemenge der Funktion f_1 an und zeichnen   4 P
Sie den Graphen der Funktion f_1 für $x \in [1{,}5;\ 11]$ in ein Koordinatensystem.
Für die Zeichnung: Längeneinheit 1 cm; $-1 \leqq x \leqq 12; -6 \leqq y \leqq 6$

A 1.2   Der Graph der Funktion f_1 wird durch Achsenspiegelung an der x-Achse und anschlie-   3 P
ßende Parallelverschiebung mit dem Vektor $\vec{v}$ auf den Graphen der Funktion f_2 mit
der Gleichung $y = 1{,}5 \cdot \log_{0{,}5}x$ ($\mathbb{G} = \mathbb{R} \times \mathbb{R}$) angebildet.
Geben Sie die Koordinaten des Verschiebungsvektors $\vec{v}$ an und zeichnen Sie sodann
den Graphen zu f_2 für $x \in [1{,}5;\ 11]$ in das Koordinatensystem zu B 1.1 ein.

A 1.3   Punkte $A_n\left(x \,\middle|\, 1{,}5 \cdot \log_{0{,}5}x\right)$ auf dem Graphen zu f_2 haben dieselbe Abszisse x wie   4 P
Punkte $C_n\left(x \,\middle|\, -1{,}5 \cdot \log_{0{,}5}(x-1)\right)$ auf dem Graphen zu f_1. Sie sind für $x > 1{,}62$
zusammen mit Punkten B_n und D_n die Eckpunkte von Rauten $A_n B_n C_n D_n$.
Es gilt: $\overline{B_n D_n} = 6\,\text{LE}$.
Zeichnen Sie die Rauten $A_1 B_1 C_1 D_1$ für $x = 2{,}5$ und $A_2 B_2 C_2 D_2$ für $x = 8{,}5$ in das
Koordinatensystem zu B 1.1 ein.
Zeigen Sie sodann, dass die Länge der Strecken $[A_n C_n]$ in Abhängigkeit von der
Abszisse x der Punkte A_n gilt: $\overline{A_n C_n}(x) = -1{,}5 \cdot \log_{0{,}5}(x^2 - x)\,\text{LE}$.

A 1.4   Die Raute $A_3 B_3 C_3 D_3$ ist ein Quadrat. Berechnen Sie die zugehörige x-Koordinate des   2 P
Punktes A_3. Runden Sie dabei auf zwei Stellen nach dem Komma.

A 1.5   Zeigen Sie rechnerisch, dass für die Koordinaten der Diagonalschnittpunkte M_n der   2 P
Rauten $A_n B_n C_n D_n$ in Abhängigkeit von der Abszisse x der Punkte A_n gilt:
$M_n\left(x \,\middle|\, 0{,}75 \cdot \log_{0{,}5}\left(\dfrac{x}{x-1}\right)\right)$.

A 1.6   Geben Sie die Gleichung des Trägergraphen der Punkte D_n der Rauten $A_n B_n C_n D_n$ in   2 P
Abhängigkeit von der Abszisse x der Punkte A_n an.

A4 Lösung Original-Prüfung 2017 Realschule Bayern Teil B1 (adaptiert)

A 1.1   Das Argument einer Logarithmusfunktion muss stets größer null sein. Es ist also:

$$x - 1 > 0 \quad \Longleftrightarrow \quad x > 1$$

Der Definitionsbereich lautet demnach $\mathbb{D} = \{x | x > 1\}$. Da die Logarithmusfunktion alle Funktionswerte annehmen kann ist $\mathbb{W} = \mathbb{R}$. Darstellung der Funktion für $x \in [1{,}5; 11]$:
(**Hinweis:** Die Darstellung ist nicht maßstabsgetreu, da die Zeichnung für den Buchdruck skaliert wurde.)

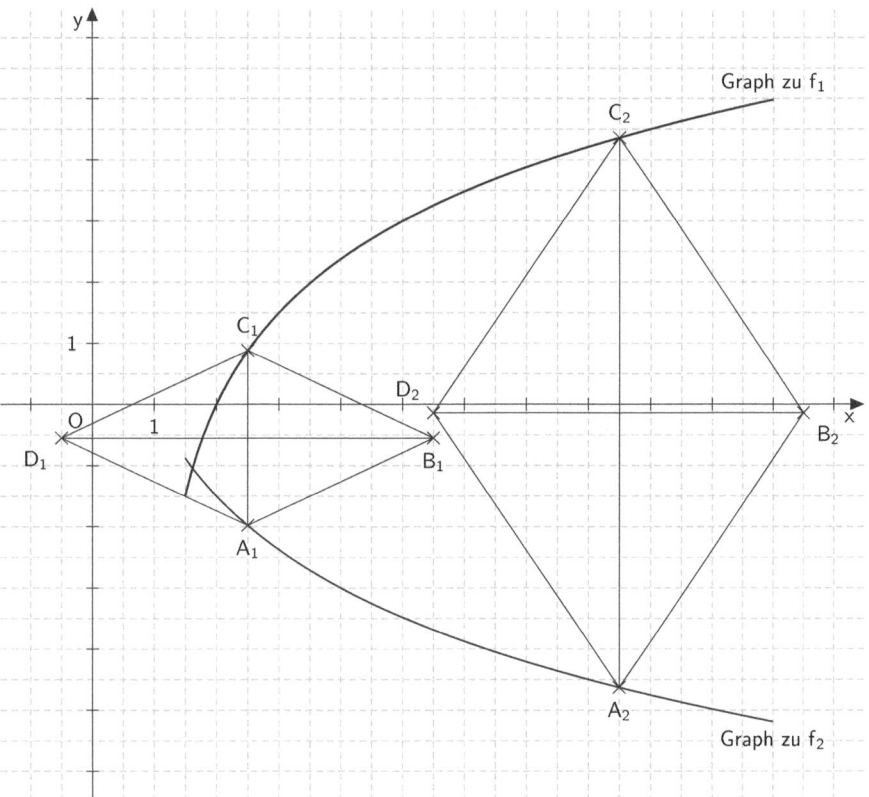

A 1.2   Das Vorzeichen der Funktion f_2 ändert sich aufgrund der Achsenspiegelung. Das Argument des Logarithmus der Funktion f_1 ist $(x - 1)$, dass der Funktion f_2 ist x. Entsprechend muss der Vektor $\vec{v}$ eine Verschiebung um 1 in x-Richtung bewirken. Seine Koordinaten lauten:

$$\vec{v} = \begin{pmatrix} -1 \\ 0 \end{pmatrix}$$

Darstellung des Graphen in Abbildung der Aufgabe B 1.1.

A 1.3　Da die Punkte A_n und C_n jeweils die selbe Abszisse haben, liegt die y-Koordinate der Punkte B_n und D_n jeweils genau zwischen denen der Punkt A_n und C_n. Die x-Koordinaten der Punkte B_n und D_n liegen jeweils 3 Einheiten links und rechts von A_n und C_n, da die Entfernung $\overline{B_n D_n} = 6\,\mathrm{LE}$ gegeben ist. Anhand dieser Kriterien und durch Einsetzen der gegebenen Werte für x können die Koordinaten der Punkte berechnet werden:

$A_1\left(2{,}5 \mid 1{,}5 \cdot \log_{0,5}(2{,}5)\right) \approx A_1\left(2{,}5 \mid -1{,}98\right)$ 　　　 $A_2\left(8{,}5 \mid 1{,}5 \cdot \log_{0,5}(8{,}5)\right) \approx A_2\left(8{,}5 \mid -4{,}63\right)$

$C_1\left(2{,}5 \mid -1{,}5 \cdot \log_{0,5}(1{,}5)\right) \approx C_1\left(2{,}5 \mid 0{,}88\right)$ 　　　 $C_2\left(8{,}5 \mid -1{,}5 \cdot \log_{0,5}(7{,}5)\right) \approx C_1\left(8{,}5 \mid 4{,}36\right)$

$B_1\left(2{,}5 + 3 \mid \dfrac{-1{,}98 + 0{,}88}{2}\right) = B_1\left(5{,}5 \mid -0{,}55\right)$ 　　　 $B_2\left(8{,}5 + 3 \mid \dfrac{-4{,}63 + 4{,}36}{2}\right) \approx B_2\left(11{,}5 \mid -0{,}14\right)$

$D_1\left(2{,}5 - 3 \mid \dfrac{-1{,}98 + 0{,}88}{2}\right) = D_1\left(-0{,}5 \mid -0{,}55\right)$ 　　　 $D_2\left(8{,}5 - 3 \mid \dfrac{-4{,}63 + 4{,}36}{2}\right) \approx D_2\left(5{,}5 \mid -0{,}14\right)$

Mit den berechneten Koordinaten kann die grafische Darstellung erfolgen (siehe Grafik Aufgabe B 1.4).

Die Länge der Strecken $[A_n C_n]$ entspricht der Differenz ihrer y-Koordinaten, da die Abszissen beider Punkte gleich sind. Zur Umformung des Ausdrucks werden die Logarithmengesetze verwendet:

$$
\begin{aligned}
\overline{A_n C_n}(x) &= \left(y_{C_n} - y_{A_n}\right)\mathrm{LE} \\
&= \left(-1{,}5 \cdot \log_{0,5}(x-1) - 1{,}5 \cdot \log_{0,5} x\right)\mathrm{LE} \\
&= \left(-1{,}5 \cdot \left(\log_{0,5}(x-1) + \log_{0,5} x\right)\right)\mathrm{LE} \\
&= \left(-1{,}5 \cdot \log_{0,5}((x-1)\cdot x)\right)\mathrm{LE} \\
&= \underline{\underline{\left(-1{,}5 \cdot \log_{0,5}(x^2 - x)\right)\mathrm{LE}}}
\end{aligned}
$$

A 1.4　Im Quadrat sind die Diagonalen gleich lang. Da $\overline{B_3 D_3} = 6\,\mathrm{LE}$ bereits gegeben ist, muss also auch $\overline{A_3 C_3} = 6\,\mathrm{LE}$ sein. Mit dem Ergebnis der Aufgabe B 1.3 kann ein zugehöriger Wert für x ermittelt werden:

$$
\begin{aligned}
\overline{A_3 C_3} &= 6\,\mathrm{LE} \\
\Longleftrightarrow \quad \left(-1{,}5 \cdot \log_{0,5}(x^2 - x)\right)\mathrm{LE} &= 6\,\mathrm{LE} \\
\Longleftrightarrow \quad -1{,}5 \cdot \log_{0,5}(x^2 - x) &= 6 \qquad\qquad |:(-1{,}5) \\
\Longleftrightarrow \quad \log_{0,5}(x^2 - x) &= -4 \\
\Longleftrightarrow \quad 0{,}5^{\log_{0,5}(x^2 - x)} &= 0{,}5^{-4} \\
\Longleftrightarrow \quad x^2 - x &= 16 \qquad\qquad |-16 \\
\Longleftrightarrow \quad x^2 - x - 16 &= 0 \\
\Longleftrightarrow \quad x_{1;2} &= \frac{-(-1) \pm \sqrt{(-1)^2 - 4\cdot 1 \cdot(-16)}}{2\cdot 1} \\
\Longleftrightarrow \quad x_{1;2} &= \frac{1 \pm \sqrt{65}}{2} \\
\Longleftrightarrow \quad \underline{x_1 \approx 4{,}53} \quad &\text{und} \quad \underline{x_2 \approx -3{,}53}
\end{aligned}
$$

Da laut Bedingung $x > 1{,}62$ sein soll, lautet die x-Koordinate des Punktes A_3 also $\underline{x = 4{,}53}$.

A 1.5 Da die Punkte A_n und C_n die selbe Abszisse haben, muss auch der Diagonalenschnittpunkt die gleiche Abszisse haben, es ist also $x_{M_n} = x_{A_n} = x_{C_n} = x$. Die y-Koordinate muss außerdem genau zwischen denen der Punkte A_n und C_n liegen:

$$
\begin{aligned}
y_{M_n} &= \frac{y_{A_n} + y_{C_n}}{2} \\
&= \frac{1{,}5 \cdot \log_{0,5} x - 1{,}5 \cdot \log_{0,5}(x-1)}{2} \\
&= \frac{1{,}5 \cdot (\log_{0,5} x - \log_{0,5}(x-1))}{2} \\
&= 0{,}75 \cdot \log_{0,5}\left(\frac{x}{x-1}\right)
\end{aligned}
$$

Die Koordinaten des Diagonalenschnittpunktes lauten somit $\underline{M_n\left(x \mid 0{,}75 \cdot \log_{0,5}\left(\frac{x}{x-1}\right)\right)}$.

A 1.6 Die x-Koordinate der Punkt D_n wurde bereits in Teilaufgabe B 1.3 ermittelt. Sie liegt drei Einheiten links von der x-Koordinate von Punkt A_n, also bei $x_{D_n} = x_{A_n} - 3 = x - 3$. Es gilt:

$$
\begin{aligned}
x_{D_n} &= x - 3 \qquad \mid +3 \\
\Longleftrightarrow \qquad x &= x_{D_n} + 3
\end{aligned}
$$

Außerdem liegen die Punkte D_n auf der gleichen Höhe wie die Punkte M_n, haben also die gleiche y-Koordinate. Darin kann der ermittelt Eindruck für x eingesetzt werden:

$$
\begin{aligned}
y_{D_n} = y_{M_n} &= 0{,}75 \cdot \log_{0,5}\left(\frac{x}{x-1}\right) \\
&= 0{,}75 \cdot \log_{0,5}\left(\frac{x+3}{x+3-1}\right) \\
&= \underline{0{,}75 \cdot \log_{0,5}\left(\frac{x+3}{x+2}\right)}
\end{aligned}
$$

Die Punkte D_n liegen alle auf dem Trägergraph $y = 0{,}75 \cdot \log_{0,5}\left(\frac{x+3}{x+2}\right)$.

A5   Original-Prüfung 2018 Realschule Bayern Teil B2 (adaptiert)

A 1.0   Die Punkte $A(-2|2)$ und $C(3|3)$ sind für $x < 8$ gemeinsame Eckpunkte von Vierecken AB_nCD_n. Die Eckpunkte $B_n(x|0{,}5x)$ liegen auf der Geraden g mit der Gleichung $y = 0{,}5x$ ($\mathbb{G} = \mathbb{R} \times \mathbb{R}$). Der Punkt M ist der MIttelpunkt der Diagonalen $[AC]$.

Für die Diagonalen $[B_nD_n]$ gilt: $M \in [B_nD_n]$ und $\overrightarrow{B_nD_n} = 3{,}5 \cdot \overrightarrow{B_nM}$.

Runden Sie im Folgenden auf zwei Stellen nach dem Komma.

A 1.1   Zeichnen Sie die Gerade g und das Viereck AB_1CD_1 für $x = 0{,}5$ sowie die Diagonalen   2 P
$[AC]$ und $[B_1D_1]$ in ein Koordinatensystem.

Für die Zeichnung: Längeneinheit 1 cm; $-5 \leq x \leq 5$; $-2 \leq y \leq 10$

A 1.2   Berechnen Sie die Koordinaten der Punkte D_n in Abhängigkeit von der Abszisse x   3 P
der Punkte B_n.

$[$Ergebnis: $D_n(-2{,}5x + 1{,}75 | -1{,}25x + 8{,}75)]$

A 1.3   Bestimmen Sie die Gleichung des Trägergraphen der Punkte D_n.   2 P

A 1.4   Unter den Vierecken AB_nCD_n gibt es das Drachenviereck AB_2CD_2.   5 P
Zeigen Sie rechnerisch, dass für die x-Koordinate des Punktes B_2 gilt: $x = 0{,}91$.
Berechnen Sie sodann den Flächeninhalt des Drachenvierecks AB_2CD_2.

A 1.5   Der Punkt C' entsteht durch Achsenspiegelung des Punktes C an der Geraden g.   3 P
Für das Viereck AB_3CD_3 gilt: $B_3 \in [AC']$.
Berechnen Sie die Koordinaten von C' und zeichnen Sie sodann das Viereck AB_3CD_3
in das Koordinatensystem zu B 2.1 ein.

A 1.6   Begründen Sie, dass für die Flächeninhalte der Dreiecke AMD_n und MB_nC gilt: 2 P
$A_{AMD_n} : A_{MB_nC} = 2{,}5 : 1$.

A5 Lösung Original-Prüfung 2018 Realschule Bayern Teil B2 (adaptiert)

A 1.1   Darstellung der Gerade g, des Vierecks AB_1CD_1 und der Diagonalen $[AC]$ und $[B_1D_1]$.
(**Hinweis:** Die Darstellung ist nicht maßstabsgetreu, da die Zeichnung für den Buchdruck skaliert wurde.)

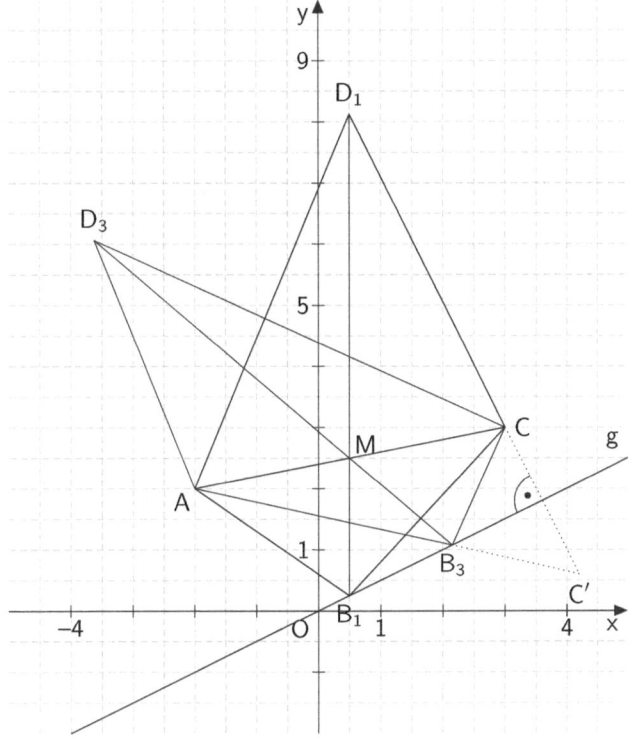

A 1.2   Zunächst werden die Koordinaten des Punktes M aus denen der Punkte A und C bestimmt:

$$M\left(\frac{-2+3}{2} \,\Big|\, \frac{2+3}{2}\right) \quad \Rightarrow \quad M\,(\,0{,}5\,|\,2{,}5\,)$$

Da $B_n\,(x\,|\,0{,}5x)$, gilt $\overrightarrow{B_nM}(x) = \begin{pmatrix} 0{,}5-x \\ 2{,}5-0{,}5x \end{pmatrix}$. Da außerdem gegeben ist, dass $\overrightarrow{B_nD_n} = 3{,}5\cdot\overrightarrow{B_nM}$ gilt, folgt für die Koordinaten der Punkte D_n:

$$\overrightarrow{OD_n}(x) = \begin{pmatrix} x \\ 0{,}5x \end{pmatrix} \oplus 3{,}5\cdot\begin{pmatrix} 0{,}5-x \\ 2{,}5-0{,}5x \end{pmatrix} = \begin{pmatrix} x+1{,}75-3{,}5x \\ 0{,}5x+8{,}75-1{,}75x \end{pmatrix} = \begin{pmatrix} -2{,}5x+1{,}75 \\ -1{,}25x+8{,}75 \end{pmatrix}$$

Im gegebenen Definitionsbereich $x \in \mathbb{R};\, x < 8$ ist also $\underline{D_n\,(\,-2{,}5x+1{,}75\,|\,-1{,}25x+8{,}75\,)}$.

Abbildungen

A 1.3   Aus der x-Koordinate der Punkte D_n folgt:

$$x_{D_n} = -2,5x + 1,75 \qquad |-1,75$$
$$\Longleftrightarrow \qquad x_{D_n} - 1,75 = -2,5x \qquad |:(-2,5)$$
$$\Longleftrightarrow \qquad x = -0,4x_{D_n} + 0,7$$

Dies kann in die y-Koordinate eingesetzt werden:

$$y_{D_n} = -1,25x + 8,75 = -1,25 \cdot (-0,4x_{D_n} + 0,7) + 8,75 \approx 0,5x_{D_n} + 7,88$$

Die Gleichung des Trägergraphen lautet also $\underline{y = 0,5x + 7,88}$ mit $\mathbb{G} = \mathbb{R} \times \mathbb{R}$.

A 1.4   Im Drachenviereck AB_2CD_2 steht $[B_nM]$ senkrecht auf $[AC]$, sodass gilt $\overrightarrow{B_nM} \odot \overrightarrow{AC} = 0$. Dabei ist $\overrightarrow{AC} = \begin{pmatrix} 3+2 \\ 3-2 \end{pmatrix} = \begin{pmatrix} 5 \\ 1 \end{pmatrix}$. Somit folgt für die x-Koordinate:

$$\overrightarrow{B_nM} \odot \overrightarrow{AC} = 0$$
$$\Longleftrightarrow \qquad \begin{pmatrix} 0,5-x \\ 2,5-0,5x \end{pmatrix} \odot \begin{pmatrix} 5 \\ 1 \end{pmatrix} = 0$$
$$\Longleftrightarrow \qquad (0,5-x) \cdot 5 + (2,5-0,5x) \cdot 1 = 0$$
$$\Longleftrightarrow \qquad 2,5 - 5x + 2,5 - 0,5x = 0$$
$$\Longleftrightarrow \qquad 5 - 5,5x = 0 \qquad |-5$$
$$\Longleftrightarrow \qquad -5,5x = -5 \qquad |:(-5,5)$$
$$\Longleftrightarrow \qquad x \approx 0,91$$

Für die x-Koordinate des Punktes B_2 ist also $\underline{\mathbb{L} = \{0,91\}}$.

Um den Flächeninhalt des Drachenvierecks zu berechnen, werden zunächst die Längen der folgenden Strecken bestimmt, indem $x = 0,91$ eingesetzt wird:

$$\overline{AC} = \sqrt{5^2 + 1^2}\,\text{LE} \approx 5,10\,\text{LE}$$
$$\overline{B_2M} = \sqrt{(0,5-0,91)^2 + (2,5-0,5 \cdot 0,91)^2}\,\text{LE} \approx 2,09\,\text{LE}$$

Somit gilt für den Flächeninhalt des Drachenvierecks:

$$A_{AB_2CD_2} = 0,5 \cdot \overline{AC} \cdot 3,5 \cdot \overline{B_2M} = 0,5 \cdot 5,10 \cdot 3,5 \cdot 2,09\,\text{FE} \approx \underline{18,65\,\text{FE}}$$

A 1.5   Der Punkt C' entsteht durch Achsenspiegelung an der Gerade mit der Gleichung $y = 0,5x$. Für den Anstieg der Geraden gilt also $\tan\varphi = 0,5$ und somit $\varphi \approx 26,57°$. Damit gilt für die Koordinaten des Punktes C':

$$\begin{pmatrix} x' \\ y' \end{pmatrix} = \begin{pmatrix} \cos(2 \cdot 26,57°) & \sin(2 \cdot 26,57°) \\ \sin(2 \cdot 26,57°) & -\cos(2 \cdot 26,57°) \end{pmatrix} \odot \begin{pmatrix} 3 \\ 3 \end{pmatrix} = \begin{pmatrix} 4,20 \\ 0,60 \end{pmatrix}$$

Die Koordinaten des Punktes lauten somit $\underline{C'\,(4,20\,|\,0,60)}$.

Graphische Darstellung des Vierecks AB_3CD_3 in Teilaufgabe 2.1.

A 1.6   Für die Flächeninhalte gilt:

$$A_{MB_nC} = 0{,}5 \cdot \overline{MC} \cdot \overline{MB_n} \cdot \sin \sphericalangle B_n MC$$

$$A_{AMD_n} = 0{,}5 \cdot \overline{AM} \cdot \overline{MD_n} \cdot \sin \sphericalangle D_n MA = 0{,}5 \cdot \overline{MC} \cdot (3{,}5 - 1) \cdot \overline{MB_n} \cdot \sin \sphericalangle MB_n C$$

$$= 0{,}5 \cdot \overline{MC} \cdot 2{,}5 \cdot \overline{MB_n} \cdot \sin \sphericalangle MB_n C = 2{,}5 \cdot 0{,}5 \cdot \overline{MC} \cdot \overline{MB_n} \cdot \sin \sphericalangle MB_n C$$

$$= 2{,}5 \cdot A_{MB_nC}$$

$$\Rightarrow \quad \underline{\underline{A_{AMD_n} : A_{MB_nC} = 2{,}5 : 1}}$$

A6   Original-Prüfung 2019 Realschule Bayern Teil B1 (adaptiert)

A 1.0   Gegeben ist die Funktion f_1 mit der Gleichung $y = 10 \cdot 0{,}5^{x+3} + 2$ ($\mathbb{G} = \mathbb{R} \times \mathbb{R}$).
Runden Sie im Folgenden auf zwei Stellen nach dem Komma.

A 1.1   Geben Sie die Definitionsmenge der Funktion f_1 an.   2 P
Zeichnen Sie sodann den Graphen zu f_1 für $x \in [-2{,}5; 5]$ in ein Koordinatensystem.
Für die Zeichnung: Längeneinheit $1\,\text{cm}$; $-5 \leqq x \leqq 5$; $-6 \leqq y \leqq 10$

A 1.2   Der Graph der Funktion f_1 wird durch Achsenspiegelung an der x-Achse sowie   4 P
anschließende Parallelverschiebung mit dem Vektor $\vec{v} = \begin{pmatrix} -2 \\ 1 \end{pmatrix}$ auf den Graphen der
Funktion f_2 abgebildet.

Zeigen Sie rechnerisch, dass die Funktion f_2 die Gleichung $y = -10 \cdot 0{,}5^{x+5} - 1$ mit
$\mathbb{G} = \mathbb{R} \times \mathbb{R}$ besitzt.

Geben Sie sodann die Gleichung ihrer Asymptote an und zeichnen Sie den Graphen
zu f_2 für $x \in [-4; 5]$ in das Koordinatensystem zu B 1.1 ein.

A 1.3   Punkte $A_n\left(x \mid 10 \cdot 0{,}5^{x+3} + 2\right)$ auf dem Graphen zu f_1 und Punkte   2 P
$C_n\left(x \mid -10 \cdot 0{,}5^{x+5} - 1\right)$ auf dem Graphen zu f_2 haben dieselbe Abszisse x und sind
zusammen mit Punkten B_n und D_n die Eckpunkte von Parallelogrammen $A_nB_nC_nD_n$.
Die Punkte D_n liegen ebenfalls auf dem Graphen zu f_1, ihre Abszisse ist um 2 größer
als die Abszisse x der Punkte A_n.
Zeichnen Sie die Parallelogramme $A_1B_1C_1D_1$ für $x = -2$ und $A_2B_2C_2D_2$ für $x = 1{,}5$
in das Koordinatensystem zu B 1.1 ein.

A 1.4   Berechnen Sie das Maß des Winkels $A_1D_1C_1$.   4 P

A 1.5   Zeigen Sie rechnerisch, dass für die Koordinaten der Punkte B_n in Abhängigkeit von   3 P
der Abszisse x der Punkte A_n gilt: $B_n\left(x - 2 \mid 5 \cdot 0{,}5^{x+3} - 1\right)$.
[Teilergebnis: $D_n\left(x + 2 \mid 10 \cdot 0{,}5^{x+5} + 2\right)$]

A 1.6   Unter den Parallelogrammen $A_nB_nC_nD_n$ gibt es die Raute $A_3B_3C_3D_3$.   3 P
Berechnen Sie die x-Koordinate des Punktes A_3.

A6 Lösung
Original-Prüfung 2019 Realschule Bayern Teil B1 (adaptiert)

A 1.1 Da der Exponent einer Zahl beliebig sein kann, gibt es für x keine Einschränkungen. Demnach ist die Definitionsmenge $\underline{D = \mathbb{R}}$.

Darstellung des Graphen zu f_1:
(**Hinweis:** Das Koordinatensystem ist nicht maßstabsgetreu, da es für den Buchdruck skaliert wurde.)

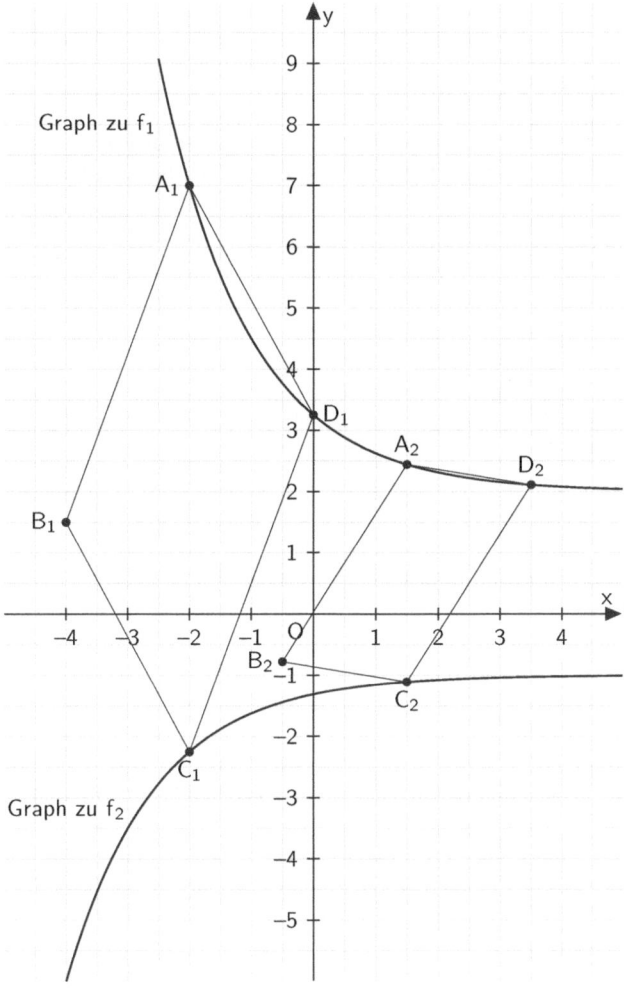

A 1.2 Achsenspiegelung an der x-Achse bedeutet zunächst ein negatives Vorzeichen vor den y-Wert der Funktion. Für die Spiegelung gilt damit zunächst:

$$\begin{pmatrix} x' \\ y' \end{pmatrix} = \begin{pmatrix} x \\ -y \end{pmatrix} = \begin{pmatrix} x \\ -(10 \cdot 0{,}5^{x+3} + 2) \end{pmatrix} = \begin{pmatrix} x \\ -10 \cdot 0{,}5^{x+3} - 2 \end{pmatrix}$$

Abbildungen

Mit $x = x'$ folgt für die Spiegelung also die Gleichung $y' = -10 \cdot 0{,}5^{x'+3} - 2$. Anschließend gilt für die Parallelverschiebung:

$$\begin{pmatrix} x'' \\ y'' \end{pmatrix} = \begin{pmatrix} x' \\ -10 \cdot 0{,}5^{x'+3} - 2 \end{pmatrix} \oplus \begin{pmatrix} -2 \\ 1 \end{pmatrix} = \begin{pmatrix} x' - 2 \\ -10 \cdot 0{,}5^{x'+3} - 1 \end{pmatrix}$$

Dabei gilt:

$$x'' = x' - 2 \qquad | +2$$
$$\Longleftrightarrow \qquad x' = x'' + 2$$

Eingesetzt gilt also:

$$y'' = -10 \cdot 0{,}5^{x'+3} - 1 = -10 \cdot 0{,}5^{(x''+2)+3} - 1 = -10 \cdot 0{,}5^{x''+5} - 1$$

Somit ist also $\underline{f_2 \colon y = -10 \cdot 0{,}5^{x+5} - 1}$.

Da die Basis des Exponentialterms mit $0{,}5$ betragsmäßig kleiner als 1 ist, wird dieser Term für große x sehr klein und geht gegen null. Damit ist die Gleichung der waagrechten Asymptote $y = -1$.

Graphische Darstellung siehe Teilaufgabe 1.1.

A 1.3   Für die graphische Darstellung wird zunächst A_1 bei $x = -2$ auf dem Graphen von f_1 und C_1 bei $x = -2$ auf dem Graphen von f_2 eingezeichnet. Anschließend wird der Punkt D_1 bei $x = -2 + 2 = 0$ auf dem Graphen von f_1 eingezeichnet. Es werden nun die Seitenkanten A_1D_1 und D_1C_1 gezeichnet. Werden nun jeweils die parallelen Seiten gezeichnet, ergibt sich an deren Schnittpunkt schließlich der Punkt B_1.

Analog wird für $A_2B_2C_2D_2$ verfahren. Darstellung siehe Teilaufgabe 1.1.

A 1.4   Zunächst werden durch Einsetzen von von $x = -2$ die Koordinaten der Punkte A_1, C_1 und D_1 berechnet.

$$x_{A_1} = -2 \qquad y_{A_1} = 10 \cdot 0{,}5^{-2+3} + 2 = 7 \qquad \Rightarrow \qquad A_1\,(-2\,|\,7)$$
$$x_{C_1} = -2 \qquad y_{C_1} = -10 \cdot 0{,}5^{-2+5} - 1 = -2{,}25 \qquad \Rightarrow \qquad C_1\,(-2\,|-2{,}25)$$
$$x_{D_1} = 0 \qquad y_{D_1} = 10 \cdot 0{,}5^{0+3} + 2 = 3{,}25 \qquad \Rightarrow \qquad D_1\,(0\,|\,3{,}25)$$

Für die Pfeile zwischen den Punkten gilt ausgehend vom Punkt D_1:

$$\overrightarrow{D_1A_1} = \begin{pmatrix} -2 - 0 \\ 7 - 3{,}25 \end{pmatrix} = \begin{pmatrix} -2 \\ 3{,}75 \end{pmatrix} \qquad \overrightarrow{D_1C_1} = \begin{pmatrix} -2 - 0 \\ -2{,}25 - 3{,}25 \end{pmatrix} = \begin{pmatrix} -2 \\ -5{,}5 \end{pmatrix}$$

Dann gilt für den eingeschlossenen Winkel:

$$\cos \sphericalangle A_1D_1C_1 = \frac{\overrightarrow{D_1A_1} \odot \overrightarrow{D_1C_1}}{|\overrightarrow{D_1A_1}| \cdot |\overrightarrow{D_1C_1}|} = \frac{\begin{pmatrix} -2 \\ 3{,}75 \end{pmatrix} \odot \begin{pmatrix} -2 \\ -5{,}5 \end{pmatrix}}{\sqrt{(-2)^2 + 3{,}75^2} \cdot \sqrt{(-2)^2 + (-5{,}5)^2}}$$
$$= \frac{4 - 20{,}625}{\sqrt{18{,}0625} \cdot \sqrt{34{,}25}} \approx -0{,}6684$$

Somit ist $\sphericalangle A_1D_1C_1 = \cos^{-1}(-0{,}6684) \approx \underline{131{,}94°}$.

A 1.5   Für die Koordinaten des Punktes B_n gilt:

$$\overrightarrow{OB_n} = \overrightarrow{OC_n} \oplus \overrightarrow{C_nB_n}$$

Da die Seitenkanten A_nD_n und B_nC_n im Parallelogramm gleich lang und parallel sind, gilt weiterhin:

$$\overrightarrow{OB_n} = \overrightarrow{OC_n} \oplus \overrightarrow{C_nB_n} = \overrightarrow{OC_n} \oplus \overrightarrow{D_nA_n}$$

Für die Punkte A_n und D_n gilt allgemein:

$$x_{A_n} = x \qquad y_{A_n} = 10 \cdot 0{,}5^{x+3} + 2 \qquad \Rightarrow \quad A_n\left(x \,\middle|\, 10 \cdot 0{,}5^{x+3} + 2\right)$$

$$x_{D_n} = x + 2 \qquad y_{D_n} = 10 \cdot 0{,}5^{x+2+3} + 2$$

$$= 10 \cdot 0{,}5^{x+3} \cdot 0{,}5^2 + 2$$

$$= 10 \cdot 0{,}5^{x+3} \cdot 0{,}25 + 2$$

$$= 2{,}5 \cdot 0{,}5^{x+3} + 2 \qquad \Rightarrow \quad D_n\left(x + 2 \,\middle|\, 2{,}5 \cdot 0{,}5^{x+3} + 2\right)$$

Für den Pfeil, der beide Punkte verbindet, gilt dann:

$$\overrightarrow{D_nA_n} = \begin{pmatrix} x - (x+2) \\ 10 \cdot 0{,}5^{x+3} + 2 - (2{,}5 \cdot 0{,}5^{x+3} + 2) \end{pmatrix} = \begin{pmatrix} -2 \\ (10 - 2{,}5) \cdot 0{,}5^{x+3} \end{pmatrix} = \begin{pmatrix} -2 \\ 7{,}5 \cdot 0{,}5^{x+3} \end{pmatrix}$$

Dies kann schließlich in obige Gleichung eingesetzt werden:

$$\overrightarrow{OB_n} = \overrightarrow{OC_n} \oplus \overrightarrow{D_nA_n} = \begin{pmatrix} x \\ -10 \cdot 0{,}5^{x+5} - 1 \end{pmatrix} \oplus \begin{pmatrix} -2 \\ 7{,}5 \cdot 0{,}5^{x+3} \end{pmatrix}$$

$$= \begin{pmatrix} x - 2 \\ -10 \cdot 0{,}5^{x+5} - 1 + (7{,}5 \cdot 0{,}5^{x+3}) \end{pmatrix} = \begin{pmatrix} x - 2 \\ -10 \cdot 0{,}5^{x+3} \cdot 0{,}5^2 - 1 + 7{,}5 \cdot 0{,}5^{x+3} \end{pmatrix}$$

$$= \begin{pmatrix} x - 2 \\ -10 \cdot 0{,}5^{x+3} \cdot 0{,}25 - 1 + 7{,}5 \cdot 0{,}5^{x+3} \end{pmatrix} = \begin{pmatrix} x - 2 \\ -2{,}5 \cdot 0{,}5^{x+3} - 1 + 7{,}5 \cdot 0{,}5^{x+3} \end{pmatrix}$$

$$= \begin{pmatrix} x - 2 \\ 5 \cdot 0{,}5^{x+3} - 1 \end{pmatrix}$$

Die gesuchten Koordinaten lauten also $\underline{B_n\left(x - 2 \,\middle|\, 5 \cdot 0{,}5^{x+3} - 1\right)}$.

A 1.6   Da stets die Abszisse von C_n und A_n gleich ist, müssen für den Fall einer Raute auch die y-Werte von D_3 und B_3 übereinstimmen. Setzt man diese gleich, so folgt mit den Ergebnissen der letzten Teilaufgabe:

$$y_{B_3} = y_{D_3}$$

$$\Longleftrightarrow \qquad 5 \cdot 0{,}5^{x+3} - 1 = 2{,}5 \cdot 0{,}5^{x+3} + 2 \qquad | + 1$$

$$\Longleftrightarrow \qquad 5 \cdot 0{,}5^{x+3} = 2{,}5 \cdot 0{,}5^{x+3} + 3 \qquad | - 2{,}5 \cdot 0{,}5^{x+3}$$

$$\Longleftrightarrow \qquad 2{,}5 \cdot 0{,}5^{x+3} = 3 \qquad | : 2{,}5$$

$$\Longleftrightarrow \qquad 0{,}5^{x+3} = 1{,}2 \qquad | \log( )$$

$$\Longleftrightarrow \qquad x + 3 = \log_{0{,}5} 1{,}2 \qquad | - 3$$

$$\Longleftrightarrow \qquad x = \log_{0{,}5} 1{,}2 - 3$$

$$\Longleftrightarrow \qquad x \approx -3{,}26 \qquad \mathbb{L} = \{-3{,}26\}$$

Die gesuchte x-Koordinate des Punktes A_3: $\underline{x = -3{,}26}$.

A7   **Original-Prüfung 2020 Realschule Bayern Teil B2 (adaptiert)**

A 1.0   Punkte $B_n(x \mid -x + 4{,}5)$ liegen auf der Geraden g mit der Gleichung $y = -x + 4{,}5$ ($\mathbb{G} = \mathbb{R} \times \mathbb{R}$). Für $1{,}5 < x < 14$ sind sie zusammen mit Punkten $A(-1 \mid -2)$, C_n und D_n Eckpunkte von Drachenvierecken $AB_nC_nD_n$. Die Punkte A und C_n liegen auf deren Symmetrieachse s mit der Gleichung $y = 2x$ ($\mathbb{G} = \mathbb{R} \times \mathbb{R}$).

Für die Diagonalenschnittpunkte M_n der Drachenvierecke $AB_nC_nD_n$ gilt:

$\overline{M_nC_n} = 0{,}5 \cdot \overline{AM_n}$.

Runden Sie im Folgenden auf zwei Stellen nach dem Komma.

A 1.1   Zeichnen Sie die Geraden g und s sowie die Drachenvierecke $AB_1C_1D_1$ für $x = 2{,}5$ 4 P und $AB_2C_2D_2$ für $x = 6{,}5$ in ein Koordinatensystem.

Für die Zeichnung: Längeneinheit 1 cm; $-6 \leqq x \leqq 7$; $-4 \leqq y \leqq 8$

A 1.2   Zeigen Sie, dass für die Koordinaten der Punkte D_n in Abhängigkeit von der Abszisse   3 P x der Punkte B_n gilt:

$D_n(-1{,}40x + 3{,}60 \mid 0{,}20x + 2{,}70)$.

A 1.3   Bestimmen Sie rechnerisch die Gleichung des Trägergraphen t der Punkte D_n.   2 P

A 1.4   Im Drachenviereck $AB_3C_3D_3$ liegt der Punkt D_3 auf der Winkelhalbierenden des   3 P 2. und 4. Quadranten.

Bestimmen Sie rechnerisch die x-Koordinaten der Punkte B_3 und D_3.

A 1.5   Für das Drachenviereck $AB_4C_4D_4$ gilt: $\sphericalangle B_4AC_4 = 35°$.   3 P

Berechnen Sie den zugehörigen Wert für x.

A 1.6   Für das Drachenviereck $AB_5C_5D_5$ gilt: $\sphericalangle B_5AD_5 = 90°$.   2 P

Begründen Sie, weshalb für den Flächeninhalt A des Drachenvierecks $AB_5C_5D_5$ gilt: $A = 1{,}5 \cdot \overline{AM_5}^2$.

A7 Lösung   Original-Prüfung 2020 Realschule Bayern Teil B2 (adaptiert)

A 1.1   Zeichnen der Geraden g und s sowie der Drachenvierecke $AB_1C_1C_1$ für $x = 2,5$ und $AB_2C_2D_2$ für $x = 6,5$ in ein Koordinatensystem:

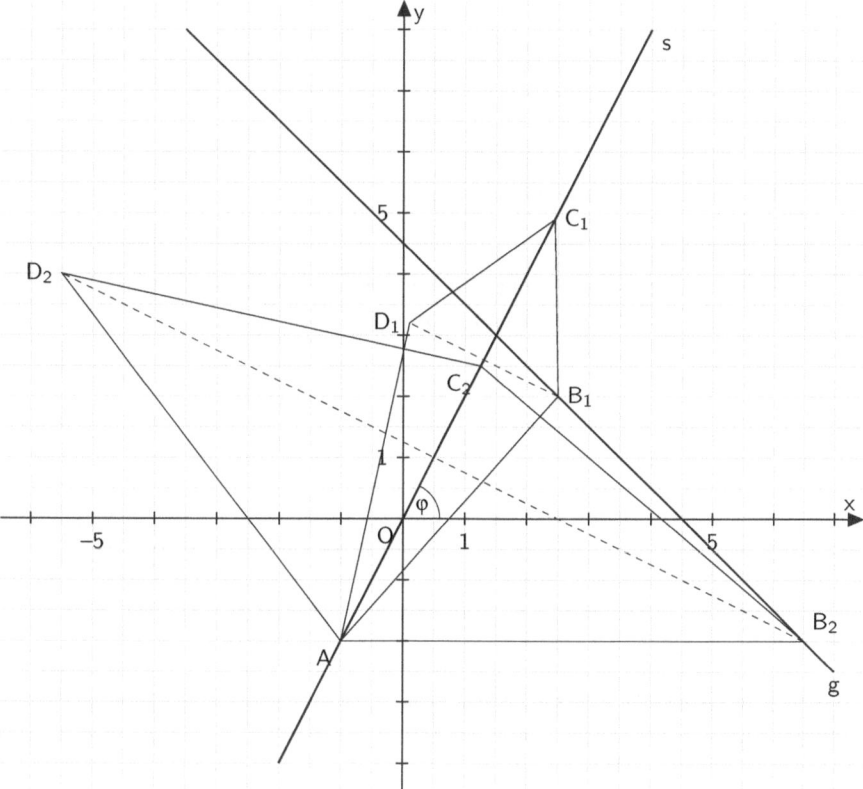

A 1.2   Der Winkel zwischen der x-Achse und der Geraden s kann aus deren Anstieg bestimmt werden:

$$m = \tan\varphi$$
$$\Longleftrightarrow \quad 2 = \tan\varphi \qquad |\tan^{-1}(\ )$$
$$\Longleftrightarrow \quad \varphi = 63,43°$$

Da diese Gerade durch den Ursprung verläuft und gleichzeitig Symmetrieachse von B_n und D_n ist, kann an dieser nun mithilfe der entsprechenden Matrix eine Achsenspiegelung von B_n durchgeführt werden, um zu den Koordinaten von D_n zu gelangen:

$$\begin{pmatrix} x' \\ y' \end{pmatrix} = \begin{pmatrix} \cos(2 \cdot 63,43°) & \sin(2 \cdot 63,43°) \\ \sin(2 \cdot 63,43°) & -\cos(2 \cdot 63,43°) \end{pmatrix} \odot \begin{pmatrix} x \\ -x + 4,5 \end{pmatrix}$$

$$= \begin{pmatrix} \cos(126,86°) \cdot x + \sin(126,86°) \cdot (-x + 4,5) \\ \sin(126,86°) \cdot x - \cos(126,86°) \cdot (-x + 4,5) \end{pmatrix} = \begin{pmatrix} -1,40x + 3,60 \\ 0,20x + 2,70 \end{pmatrix}$$

Die Punkte D_n haben die Koordinaten $\underline{D_n\,(-1,40x + 3,60 \mid 0,20x + 2,70)}$.

A 1.3   Gemäß Teilaufgabe 2.2 ist $x_{D_n} = -1{,}40x + 3{,}60$ und $y_{D_n} = 0{,}20x + 2{,}70$. Es wird nun x_{D_n} nach x umgeformt, dann in y_{D_n} eingesetzt und schließlich zusammengefasst:

$$x_{D_n} = -1{,}40x + 3{,}60 \qquad\qquad |-3{,}60$$
$$\Longleftrightarrow \quad x_{D_n} - 3{,}6 = -1{,}4x \qquad\qquad |:(-1{,}4)$$
$$\Longleftrightarrow \quad x = -\frac{1}{1{,}4}x_{D_n} + \frac{3{,}6}{1{,}4}$$

$(\text{in } y_{D_n}):$
$$y_{D_n} = 0{,}20x + 2{,}70$$
$$\Longleftrightarrow \quad y_{D_n} = 0{,}2 \cdot \left(-\frac{1}{1{,}4}x_{D_n} + \frac{3{,}6}{1{,}4}\right) + 2{,}7$$
$$\Longleftrightarrow \quad y_{D_n} = -0{,}14x_{D_n} + 3{,}21$$

Die Gleichung des Trägergraphen lautet $\underline{t: y = -0{,}14x + 3{,}21}$.

A 1.4   Die Winkelhalbierende des 2. und 4. Quadranten folgt der Gleichung $y = -x$. Den zugehörigen x-Wert erhält man demnach, indem man $y_{D_n} = -x_{D_n}$ setzt:

$$y_{D_n} = -x_{D_n}$$
$$\Longleftrightarrow \quad 0{,}20x + 2{,}70 = -(-1{,}40x + 3{,}60)$$
$$\Longleftrightarrow \quad 0{,}2x + 2{,}7 = 1{,}4x - 3{,}6 \qquad |-1{,}4x$$
$$\Longleftrightarrow \quad -1{,}2x + 2{,}7 = -3{,}6 \qquad |-2{,}7$$
$$\Longleftrightarrow \quad -1{,}2x = -6{,}3 \qquad |:(-1{,}2)$$
$$\Longleftrightarrow \quad x = 5{,}25 \qquad \mathbb{L} = \{5{,}25\}$$

Daraus ergibt sich $\underline{x_{B_n} = x = 5{,}25}$ und $\underline{x_{D_n}} = -1{,}40 \cdot 5{,}25 + 3{,}60 = \underline{-3{,}75}$.

A 1.5   Um den x-Wert für $AB_4C_4D_4$ zu ermitteln, wird die Gleichung einer Gerade aufgestellt, auf der die Punkte A und B_4 liegen. Der Schnittpunkt dieser Gerade mit der Gerade g ist der Punkt B_4. Mit dem gegebenen Winkel $\sphericalangle B_4AC_4 = 35°$ und dem Winkel $\varphi = 63{,}43°$ aus Teilaufgabe 2.2 gilt für den Anstieg der Gerade AB_4:

$$m_{AB_4} = \tan(63{,}43° - 35°) = 0{,}54$$

Die Steigung kann gemeinsam mit den Koordinaten des Punktes $A\,(-1\,|-2)$ in die allgemeine Geradengleichung eingesetzt werden:

$$y = m_{AB_4} \cdot (x - x_A) + y_A$$
$$\Longleftrightarrow \quad AB_4: \ y = 0{,}54 \cdot (x + 1) - 2$$

Es können nun die Gleichungen der Geraden AB_4 und g gleichgesetzt werden:

$$0{,}54 \cdot (x + 1) - 2 = -x + 4{,}5$$
$$\Longleftrightarrow \quad 0{,}54x - 1{,}46 = -x + 4{,}5 \qquad |+x$$
$$\Longleftrightarrow \quad 1{,}54x - 1{,}46 = 4{,}5 \qquad |+1{,}46$$
$$\Longleftrightarrow \quad 1{,}54x = 5{,}96$$
$$\Longleftrightarrow \quad \underline{x = 3{,}87}$$

A 1.6 Für den Flächeninhalt des Drachenvierecks $AB_5C_5D_5$ gilt:

$$A = 0{,}5 \cdot \overline{AC_5} \cdot \overline{B_5D_5}$$

Für die Diagonale $\overline{AC_5}$ gilt:

$$\overline{AC_5} = \overline{AM_5} + \overline{M_5C_5} = \overline{AM_5} + 0{,}5 \cdot \overline{AM_5} = 1{,}5 \cdot \overline{AM_5}$$

Mit $\sphericalangle B_5AD_5 = 90°$ ist das Dreieck AB_5M_5 gleichschenklig-rechtwinklig und es ist $\overline{M_5B_5} = \overline{AM_5}$. Damit gilt für die Diagonale $\overline{B_5D_5}$:

$$\overline{B_5D_5} = 2 \cdot \overline{M_5B_5} = 2 \cdot \overline{AM_5}$$

Setzt man dies ein, ergibt sich der gesuchte Term:

$$\begin{aligned}
A &= 0{,}5 \cdot \overline{AC_5} \cdot \overline{B_5D_5} \\
&= 0{,}5 \cdot 1{,}5 \cdot \overline{AM_5} \cdot 2 \cdot \overline{AM_5} \\
&= \underline{1{,}5 \cdot \overline{AM_5}^2}
\end{aligned}$$

A8   **Original-Prüfung 2021 Realschule Bayern Teil B1 (adaptiert)**

A 1.0   Gegeben ist die Funktion f_1 mit der Gleichung: $y = 3 \cdot \log_3(x + 7) - 4$ ($\mathbb{G} = \mathbb{R} \times \mathbb{R}$).

Runden Sie im Folgenden auf zwei Stellen nach dem Komma.

A 1.1   Geben Sie die Gleichung der Asymptote h des Graphen zu f_1 an.   2 P

Zeichnen Sie sodann den Graphen zu f_1 für $x \in [-4; 9]$ in ein Koordinatensystem.

Für die Zeichnung: Längeneinheit 1 cm; $-4 \leqq x \leqq 9$; $-6 \leqq y \leqq 4$

A 1.2   Der Graph der Funktion f_1 wird durch Achsenspiegelung an der x-Achse und an-   3 P

schließende Parallelverschiebung mit dem Vektor $\overrightarrow{v} = \begin{pmatrix} 1 \\ -2 \end{pmatrix}$ auf den Graphen der

Funktion f_2 abgebildet.

Bestätigen Sie durch Rechnung, dass für die Gleichung der Funktion f_2 gilt:

$y = -3 \cdot \log_3(x + 6) + 2$ ($\mathbb{G} = \mathbb{R} \times \mathbb{R}$).

Zeichnen Sie sodann den Graphen zu f_2 für $x \in [-4; 9]$ in das Koordinatensystem zu B 1.1 ein.

A 1.3   Punkte $A_n\left(x \mid -3 \cdot \log_3(x + 6) + 2\right)$ auf dem Graphen zu f_2 und Punkte   2 P

$D_n\left(x \mid 3 \cdot \log_3(x + 7) - 4\right)$ auf dem Graphen zu f_1 haben dieselbe Abszisse x. Sie sind

für $x > -3{,}46$ zusammen mit Punkten B_n und C_n Eckpunkte von Parallelogrammen

$A_n B_n C_n D_n$. Die Punkte B_n liegen dabei ebenfalls auf dem Graphen zu f_2, ihre x-

Koordinate ist stets um 4 größer als die Abszisse x der Punkte A_n.

Zeichnen Sie das Parallelogramm $A_1 B_1 C_1 D_1$ für $x = -1{,}5$ und das Parallelogramm

$A_2 B_2 C_2 D_2$ für $x = 4$ in das Koordinatensystem zu B 1.1 ein.

A 1.4   Zeigen Sie rechnerisch, dass für den Flächeninhalt A der Parallelogramme $A_n B_n C_n D_n$ 3 P

in Abhängigkeit von der Abszisse x der Punkte A_n gilt:

$A(x) = [12 \cdot \log_3(x^2 + 13x + 42) - 24]$ FE.

A 1.5   Im Parallelogramm $A_3 B_3 C_3 D_3$ liegt der Punkt D_3 auf der x-Achse.   3 P

Bestimmen Sie rechnerisch den Flächeninhalt des Parallelogramms $A_3 B_3 C_3 D_3$.

A 1.6   Das Parallelogramm $A_4 B_4 C_4 D_4$ hat einen Flächeninhalt von 16 FE.   4 P

Bestimmen Sie rechnerisch die Koordinaten des Punktes B_4.

A8 Lösung
Original-Prüfung 2021 Realschule Bayern Teil B1 (adaptiert)

A 1.1 Eine Asymptote liegt vor, wo das Argument der Logarithmusfunktion gleich null wird:

$$x + 7 = 0 \quad \Longleftrightarrow \quad x = -7$$

Die Gleichung des Asymptote lautet <u>$h: x = -7$</u>.

Graphische Darstellung des Graphen zu f_1 für $x \in [-4; 9]$:

(**Hinweis**: Das Koordinatensystem ist nicht maßstabsgetreu, da es für den Buchdruck skaliert wurde.)

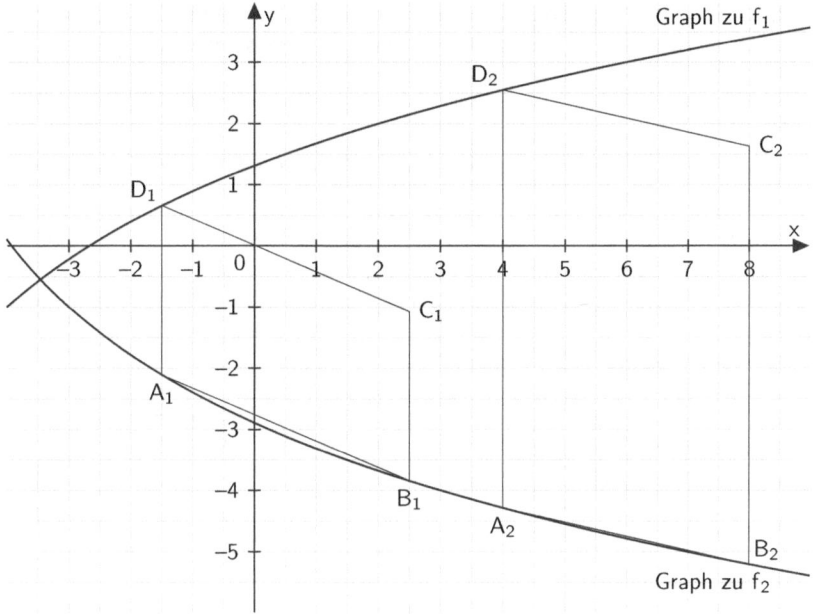

A 1.2 Zunächst wird eine Spiegelung an der x-Achse, also an der Gerade $y = 0 = 0 \cdot x$ durchgeführt. Aus deren Steigung $m = 0 = \tan\alpha$ kann $\alpha = 0°$ ermittelt werden. Damit gilt für die Achsenspiegelung:

$$\begin{pmatrix} x' \\ y' \end{pmatrix} = \begin{pmatrix} \cos(2 \cdot 0°) & \sin(2 \cdot 0°) \\ \sin(2 \cdot 0°) & -\cos(2 \cdot 0°) \end{pmatrix} \odot \begin{pmatrix} x \\ y \end{pmatrix} = \begin{pmatrix} 1 & 0 \\ 0 & -1 \end{pmatrix} \odot \begin{pmatrix} x \\ 3 \cdot \log_3(x+7) - 4 \end{pmatrix}$$

$$= \begin{pmatrix} x \\ -3 \cdot \log_3(x+7) + 4 \end{pmatrix}$$

Weiterhin wird eine Parallelverschiebung mit dem Vektor $\vec{v} = \begin{pmatrix} 1 \\ -2 \end{pmatrix}$ durchgeführt:

$$\begin{pmatrix} x'' \\ y'' \end{pmatrix} = \begin{pmatrix} 1 & 0 \\ 0 & 1 \end{pmatrix} \odot \begin{pmatrix} x' \\ y' \end{pmatrix} \oplus \begin{pmatrix} 1 \\ -2 \end{pmatrix} = \begin{pmatrix} x \\ -3 \cdot \log_3(x+7) + 4 \end{pmatrix} \oplus \begin{pmatrix} 1 \\ -2 \end{pmatrix} = \begin{pmatrix} x + 1 \\ -3 \cdot \log_3(x+7) + 2 \end{pmatrix}$$

Demnach ist $x'' = x + 1$, also $x = x'' - 1$, was in y'' eingesetzt wird:

$$y'' = -3 \cdot \log_3(x + 7) + 2 = -3 \cdot \log_3((x'' - 1) + 7) + 2 = -3 \cdot \log_3(x'' + 6) + 2$$

Die Funktionsgleichung lautet $\underline{f_2 \colon y = -3 \cdot \log_3(x + 6) + 2}$.

Graphische Darstellung siehe Teilaufgabe 1.1.

A 1.3 Durch Einsetzen von $x = -1,5$ können zunächst die Koordinaten von A_1 und D_1 bestimmt werden:

$$A_1 \left(-1,5 \mid -3 \cdot \log_3(-1,5 + 6) + 2 \right) \quad \Rightarrow \quad A_1 \left(-1,50 \mid -2,11 \right)$$
$$D_1 \left(-1,5 \mid 3 \cdot \log_3(-1,5 + 7) - 4 \right) \quad \Rightarrow \quad D_1 \left(-1,50 \mid 0,66 \right)$$

Da auch B_1 auf f_2 liegt, können dessen Koordinaten bestimmt werden, indem $x = -1,5 + 4 = 2,5$ (da seine Abszisse um 4 größer als A_1 ist) in f_2 eingesetzt wird:

$$B_1 \left(2,5 \mid -3 \cdot \log_3(2,5 + 6) + 2 \right) \quad \Rightarrow \quad B_1 \left(2,50 \mid -3,84 \right)$$

Analog ergeben sich durch Einsetzen von $x = 4$ die Koordinaten $A_2 \left(4,00 \mid -4,29 \right)$, $D_2 \left(4,00 \mid 2,55 \right)$ und $B_2 \left(8 \mid -5,21 \right)$.

Für beide Parallelogramme können damit bereits zwei Seiten gezeichnet werden. Durch Konstruktion der jeweils parallelen Seiten ergibt sich als Schnittpunkt C_n, sodass das jeweilige Parallelogramm vervollständigt werden kann. Graphische Darstellung siehe Teilaufgabe 1.1.

A 1.4 Der Flächeninhalt eines Parallelogramms ergibt sich aus dem Produkt einer Seite und der zugehörigen Höhe. Als Seite wird dabei $\overline{A_nD_n}$ gewählt. Die zugehörige Höhe entspricht der Differenz der Abszissenwerte von B_n und A_n, wobei die Abszisse von B_n immer um 4 größer ist als die von A_n hat, sodass gilt:

$$\begin{aligned} A(x) &= \overline{A_nD_n}(x) \cdot 4\,\text{LE} = \left[(y_{D_n}(x) - y_{A_n}(x)) \cdot 4 \right] \text{FE} \\ &= \left[((3 \cdot \log_3(x + 7) - 4) - (-3 \cdot \log_3(x + 6) + 2)) \cdot 4 \right] \text{FE} \\ &= \left[4 \cdot (3 \cdot \log_3(x + 7) + 3 \cdot \log_3(x + 6) - 6) \right] \text{FE} \\ &= \left[4 \cdot (3 \cdot \log_3((x + 7) \cdot (x + 6)) - 6) \right] \text{FE} = \left[12 \cdot \log_3(x^2 + 7x + 6x + 42) - 24 \right] \text{FE} \\ &= \underline{\left[12 \cdot \log_3(x^2 + 13x + 42) - 24 \right] \text{FE}} \end{aligned}$$

A 1.5 Wenn D_3 auf der x-Achse liegt, so muss die y-Koordinate dieses Punktes gleich null sein:

$$\begin{aligned} & 3 \cdot \log_3(x + 7) - 4 = 0 && \mid +4 \\ \Longleftrightarrow \quad & 3 \cdot \log_3(x + 7) = 4 && \mid :3 \\ \Longleftrightarrow \quad & \log_3(x + 7) = \frac{4}{3} && \mid 3^{()} \\ \Longleftrightarrow \quad & x + 7 = 3^{\frac{4}{3}} && \mid -7 \\ \Longleftrightarrow \quad & x = 3^{\frac{4}{3}} - 7 && \\ \Longleftrightarrow \quad & x \approx -2,67 && \end{aligned}$$

Dieser Wert kann nun in die Gleichung auf Teilaufgabe 1.4 eingesetzt werden um den zugehörigen Flächeninhalt zu bestimmen:

$$A(-2{,}67) = \left[12 \cdot \log_3((-2{,}67)^2 + 13 \cdot (-2{,}67) + 42) - 24\right] \text{ FE}$$
$$\approx \underline{\underline{5{,}15 \,\text{FE}}}$$

A 1.6   Die Vorgehensweise ist nun umgekehrt zu Teilaufgabe 1.5. Hier wird aus dem Flächeninhalt der zugehörige Wert für x ermittelt und daraus dann die Koordinaten von B_4:

$$A(x) = 16 \,\text{FE}$$

$$\Longleftrightarrow \qquad 12 \cdot \log_3(x^2 + 13x + 42) - 24 = 16 \qquad\qquad | + 24$$

$$\Longleftrightarrow \qquad 12 \cdot \log_3(x^2 + 13x + 42) = 40 \qquad\qquad | : 12$$

$$\Longleftrightarrow \qquad \log_3(x^2 + 13x + 42) = \frac{40}{12} = \frac{10}{3} \qquad |3^{(\ )}$$

$$\Longleftrightarrow \qquad x^2 + 13x + 42 = 3^{\frac{10}{3}} \qquad\qquad |-3^{\frac{10}{3}}$$

$$\Longleftrightarrow \qquad x^2 + 13x + 3{,}06 = 0$$

An dieser Stelle kann nun die Lösungsformel verwendet werden:

$$x_{1;2} = \frac{-13 \pm \sqrt{13^2 - 4 \cdot 1 \cdot 3{,}06}}{2 \cdot 1} \qquad \Rightarrow \qquad x_1 \approx -12{,}76 \quad \text{und} \quad x_2 \approx -0{,}24$$

Da laut Angabe die Punkte nur für $x > -3{,}46$ definiert sind, ist als Lösung nur $x \approx -0{,}24$ möglich. Die Abszisse von B_n ist immer um 4 größer als die von A_n, sodass sich die Koordinaten von B_n ergeben, indem $x = -0{,}24 + x$ eingesetzt wird:

$$B_4\left(-0{,}24 + 4 \mid -3 \cdot \log_3(-0{,}24 + 4 + 6) + 2\right) \quad \Rightarrow \quad \underline{\underline{B_4\left(3{,}76 \mid -4{,}22\right)}}$$

A9   **Original-Prüfung 2022 Realschule Bayern Teil B1 (adaptiert)**

A 1.0   Gegeben ist die Funktion f_1 mit einer Gleichung der Form $y = \log_2(x + b) + 1$ ($\mathbb{G} = \mathbb{R} \times \mathbb{R}; b \in \mathbb{R}$). Der Graph zu f_1 schneidet die y-Achse im Punkt $P(0 \mid 3)$.

Runden Sie im Folgenden auf zwei Stellen nach dem Komma.

A 1.1   Zeigen Sie rechnerisch, dass die Funktion f_1 die Gleichung $y = \log_2(x + 4) + 1$ besitzt.   3 P

Zeichnen Sie sodann den Graphen zu f_1 für $x \in [-3,5;\ 6]$ in ein Koordinatensystem.

Für die Zeichnung: Längeneinheit $1\,\text{cm}$; $-6 \leq x \leq 6$; $-2 \leq y \leq 5$

A 1.2   Der Graph der Funktion f_1 wird durch Achsenspiegelung an der x-Achse sowie   3 P anschließende Parallelverschiebung mit dem Vektor $\vec{v} = \begin{pmatrix} -2 \\ 3 \end{pmatrix}$ auf den Graphen der Funktion f_2 abgebildet.

Zeigen Sie rechnerisch, dass die Funktion f_2 die Gleichung $y = -\log_2(x + 6) + 2$ mit $\mathbb{G} = \mathbb{R} \times \mathbb{R}$ besitzt.

Zeichnen Sie sodann den Graphen zu f_2 für $x \in [-5,5;\ 6]$ in das Koordinatensystem zu B 1.1 ein.

A 1.3   Punkte $A_n\left(x \mid \log_2(x + 4) + 1\right)$ auf dem Graphen zu f_1 haben dieselbe Abszisse x wie   2 P Punkte $C_n\left(x \mid -\log_2(x + 6) + 2\right)$ auf dem Graphen zu f_2. Zusammen mit Punkten B_n sind sie für $x > -3,26$ die Eckpunkte von rechtwinkligen Dreiecken $A_n B_n C_n$ mit den Hypotenusen $[B_n C_n]$. Es gilt: $\overline{A_n B_n} = 4\,\text{LE}$.

Zeichnen Sie in das Koordinatensystem zu B 1.1 die Dreiecke $A_1 B_1 C_1$ für $x = -1$ und $A_2 B_2 C_2$ für $x = 5$ ein.

A 1.4   Zeigen Sie, dass für die Länge der Strecken $[A_n C_n]$ in Abhängigkeit von der Abszisse   2 P x der Punkte A_n gilt:

$$\overline{A_n C_n}(x) = [\log_2(x^2 + 10x + 24) - 1]\,\text{LE}$$

A 1.5   Das Dreieck $A_3 B_3 C_3$ hat den Flächeninhalt $10\,\text{FE}$.   3 P

Bestimmen Sie rechnerisch die x-Koordinate des Punktes A_3.

A 1.6   Der Eckpunkt B_4 des Dreiecks $A_4 B_4 C_4$ liegt auf dem Graphen zu f_2.   4 P

Berechnen Sie die x-Koordinate des Punktes B_4.

A9 Lösung Original-Prüfung 2022 Realschule Bayern Teil B1 (adaptiert)

A 1.1 Da der Graph die y-Achse im Punkt $P(0\,|\,3)$ schneidet, muss $f_1(0) = 3$ gelten. Setzt man dies ein, kann der zugehörige Wert für b ermittelt werden:

$$y = \log_2(x + b) + 1$$
$$\Rightarrow \qquad 3 = \log_2(0 + b) + 1 \qquad |-1$$
$$\Longleftrightarrow \qquad 2 = \log_2(b) \qquad |2^{(\,)}$$
$$\Longleftrightarrow \qquad 2^2 = b$$
$$\Longleftrightarrow \qquad b = 4$$

Die Funktion f_1 besitzt die Gleichung $\underline{y = \log_2(x + 4) + 1}$.

Graphische Darstellung des Funktionsgraphen zu f_1 für $x \in [-3{,}5;\ 6]$:

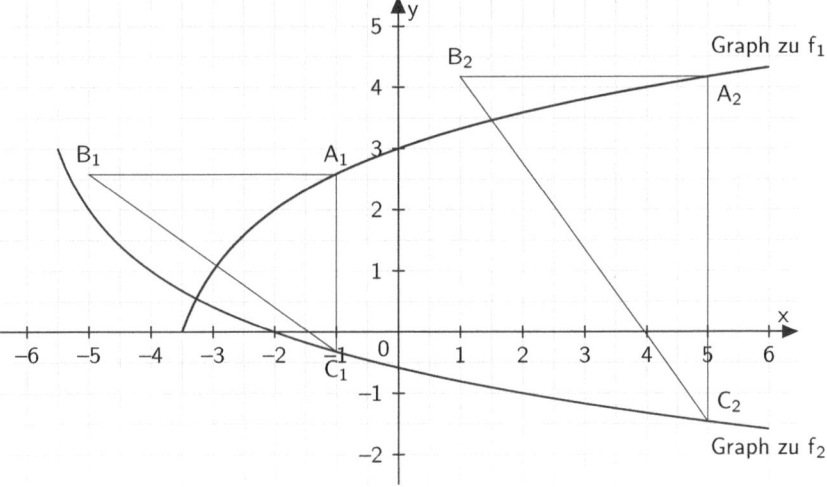

A 1.2 Zunächst wird eine Spiegelung an der x-Achse, also an der Gerade $y = 0 = 0 \cdot x$ durchgeführt. Aus deren Steigung $m = 0 = \tan\alpha$ kann $\alpha = 0°$ ermittelt werden. Damit gilt für die Achsenspiegelung:

$$\begin{pmatrix} x' \\ y' \end{pmatrix} = \begin{pmatrix} \cos(2 \cdot 0°) & \sin(2 \cdot 0°) \\ \sin(2 \cdot 0°) & -\cos(2 \cdot 0°) \end{pmatrix} \odot \begin{pmatrix} x \\ y \end{pmatrix} = \begin{pmatrix} 1 & 0 \\ 0 & -1 \end{pmatrix} \odot \begin{pmatrix} x \\ \log_2(x + 4) + 1 \end{pmatrix}$$
$$= \begin{pmatrix} x \\ -\log_2(x + 4) - 1 \end{pmatrix}$$

Weiterhin wird eine Parallelverschiebung mit dem Vektor $\vec{v} = \begin{pmatrix} -2 \\ 3 \end{pmatrix}$ durchgeführt:

$$\begin{pmatrix} x'' \\ y'' \end{pmatrix} = \begin{pmatrix} 1 & 0 \\ 0 & 1 \end{pmatrix} \odot \begin{pmatrix} x' \\ y' \end{pmatrix} \oplus \begin{pmatrix} -2 \\ 3 \end{pmatrix} = \begin{pmatrix} x \\ -\log_2(x + 4) - 1 \end{pmatrix} \oplus \begin{pmatrix} -2 \\ 3 \end{pmatrix} = \begin{pmatrix} x - 2 \\ -\log_2(x + 4) + 2 \end{pmatrix}$$

Demnach ist $x'' = x - 2$, also $x = x'' + 2$, was in y'' eingesetzt wird:

$$y'' = -\log_2(x + 4) + 2 = -\log_2((x'' + 2) + 4) + 2 = -\log(x'' + 6) + 2$$

Die Funktionsgleichung lautet $\underline{f_2 : y = -\log_2(x + 6) + 2}$.

Graphische Darstellung siehe Teilaufgabe 1.1.

A 1.3   Durch Einsetzen von $x = -1$ und $x = 5$ in die Koordinaten der Punkte werden deren Koordinaten ermittelt:

$$x_{A_1} = -1 \quad \Rightarrow \quad y_{A_1} = \log_2(-1 + 4) + 1 = 2{,}58$$
$$x_{C_1} = -1 \quad \Rightarrow \quad y_{C_1} = -\log_2(-1 + 6) + 2 = -0{,}32$$
$$x_{A_2} = 5 \quad \Rightarrow \quad y_{A_2} = \log_2(5 + 4) + 1 = 4{,}17$$
$$x_{C_2} = 5 \quad \Rightarrow \quad y_{C_2} = -\log_2(5 + 6) + 2 = -1{,}46$$

Damit können die Dreiecke eingezeichnet werden. Sie Teilaufgabe 1.1.

A 1.4   Die Länge $\overline{A_n C_n}$ entspricht der Differenz der beiden Funktionswerte von f_1 und f_2, da A_n auf f_1 und C_n auf f_2 bei gleicher Abszisse liegen:

$$
\begin{aligned}
\overline{A_n C_n}(x) &= f_1(x) - f_2(x) \\
&= [\log_2(x + 4) + 1 - (-\log_2(x + 6) + 2)]\, \text{LE} \\
&= [\log_2(x + 4) + 1 + \log_2(x + 6) - 2]\, \text{LE} \\
&= [\log_2(x + 4) + \log_2(x + 6) - 1]\, \text{LE} \\
&= [\log_2((x + 4) \cdot (x + 6)) - 1]\, \text{LE} \\
&= [\log_2(x^2 + 4x + 6x + 24) - 1]\, \text{LE} \\
&= \underline{[\log_2(x^2 + 10x + 24) - 1]\, \text{LE}}
\end{aligned}
$$

Dabei wurde verwendet, dass $\log_2(x) + \log_2(y) = \log_2(x \cdot y)$ gilt.

A 1.5   Für den Flächeninhalt der Dreiecke gilt allgemein:

$$
\begin{aligned}
A(x) &= 0{,}5 \cdot \overline{A_n B_n} \cdot \overline{A_n C_n} = 0{,}5 \cdot 4 \cdot [\log_2(x^2 + 10x + 24) - 1]\, \text{FE} \\
&= [2 \cdot \log_2(x^2 + 10x + 24) - 2]\, \text{FE}
\end{aligned}
$$

Setzt man damit nun $A(x) = 10\,\text{FE}$ für das Dreieck $A_3 B_3 C_3$ an, kann der zugehörige Wert für x bestimmt werden:

$$A(x) = 10\,\text{FE}$$
$$\Longleftrightarrow \quad 2 \cdot \log_2(x^2 + 10x + 24) - 2 = 10 \qquad |+2$$
$$\Longleftrightarrow \quad 2 \cdot \log_2(x^2 + 10x + 24) = 12 \qquad |:2$$
$$\Longleftrightarrow \quad \log_2(x^2 + 10x + 24) = 6 \qquad |2^{(\,)}$$

$$\Longleftrightarrow \qquad x^2 + 10x + 24 = 2^6$$
$$\Longleftrightarrow \qquad x^2 + 10x + 24 = 64 \qquad\qquad |-64$$
$$\Longleftrightarrow \qquad x^2 + 10x - 40 = 0$$

Nun wird die Lösungsformel verwendet:

$$x_{1;2} = \frac{-10 \pm \sqrt{10^2 - 4 \cdot 1 \cdot (-40)}}{2 \cdot 1} \qquad \Rightarrow \qquad x_1 \approx -13{,}06 \quad \text{oder} \quad x_2 \approx 3{,}06$$

Da laut Angabe $x > -3{,}26$ gelten muss, ist nur $x_2 = 3{,}06$ eine mögliche Lösung. Daher ist $\underline{x_{A_3} = 3{,}06}$.

A 1.6 Da die Punkte B_n allgemein 4 LE links von $A_n\,(x\,|\,\log_2(x+4)+1)$ liegen, lassen sich die Punkte allgemein beschreiben durch $B_n\,(x-4\,|\,\log_2(x+4)+1)$. Für B_4 muss dieser Punkt nun auch die Gleichung von f_2 erfüllen, sodass $f_2(x-4) = \log_2(x+4)+1$ gelten muss und daraus folgt:

$$f_2(x-4) = \log_2(x+4)+1$$
$$\Longleftrightarrow \qquad -\log_2((x-4)+6)+2 = \log_2(x+4)+1 \qquad |-1$$
$$\Longleftrightarrow \qquad -\log_2(x+2)+1 = \log_2(x+4) \qquad |+\log_2(x+2)$$
$$\Longleftrightarrow \qquad 1 = \log_2(x+4) + \log_2(x+2)$$
$$\Longleftrightarrow \qquad 1 = \log_2((x+4) \cdot (x+2))$$
$$\Longleftrightarrow \qquad 1 = \log_2(x^2 + 4x + 2x + 8)$$
$$\Longleftrightarrow \qquad 1 = \log_2(x^2 + 6x + 8) \qquad |2^{(\,)}$$
$$\Longleftrightarrow \qquad 2^1 = x^2 + 6x + 8 \qquad |-2$$
$$\Longleftrightarrow \qquad 0 = x^2 + 6x + 6$$

Wieder wird die Lösungsformel verwendet:

$$x_{1;2} = \frac{-6 \pm \sqrt{6^2 - 4 \cdot 1 \cdot 6}}{2 \cdot 1} \qquad \Rightarrow \qquad x_1 \approx -4{,}73 \quad \text{oder} \quad x_2 \approx -1{,}27$$

Da $x > -3{,}26$ gelten muss, kommt nur $x = -1{,}27$ infrage. Damit ist

$$x_{B_4} = x - 4 = -1{,}27 - 4 = \underline{-5{,}27}$$

Übungsteil - Potenzen und Potenzfunktionen

DEINE NEUE
LERNPLATTFORM
UNTER

https://lern.de
oder
https://realschul.guru

A1 Potenzgesetze

A 1.1 Vereinfachen Sie die nachfolgenden Terme durch Anwendung der Potenzgesetze.

   a) $4^2 \cdot 4^1$

   b) $3^3 \cdot 3^6 \cdot 3^{-10}$

   c) $3^8 \cdot 8^7 \cdot 2^3$

   d) $\dfrac{8^2}{8^{-2}} : 4^4$

   e) $(5^3)^4$

A 1.2 Fassen Sie die folgenden Terme so weit wie möglich zusammen.

   a) $\dfrac{x^2 \cdot x^{-3}}{x^7}$

   b) $\sqrt{a \cdot a \cdot a^3}$

   c) $y^{-4} \cdot \sqrt{y} \cdot \dfrac{y^2}{\sqrt[3]{y}}$

   d) $\left(\dfrac{x^3 \cdot z^{-4}}{z^{-5} \cdot z^2} \right)^{-2}$

A1 Lösung　Potenzgesetze

A 1.1　Vereinfachen der gegebenen Terme:

　　a) Bei Produkten von Potenztermen mit gleicher Basis können die Exponenten addiert werden:

$$4^2 \cdot 4^1 = 4^{(2+1)} = 4^3$$

　　b) Auch hier ist die Basis der drei Faktoren gleich. Demzufolge können auch hier die Exponenten addiert oder subtrahiert werden:

$$3^3 \cdot 3^6 \cdot 3^{-10} = 3^{(3+6-10)} = 3^{-1} = \frac{1}{3}$$

　　c) Der Faktor 2^3 kann zunächst berechnet werden zu $2^3 = 2 \cdot 2 \cdot 2 = 8$. Damit gilt für den gegebenen Term:

$$3^8 \cdot 8^7 \cdot 2^3 = 3^8 \cdot 8^7 \cdot 8$$

　　Für die beiden Faktoren mit Basis 8 werden nun wieder die Exponenten addiert:

$$3^8 \cdot 8^7 \cdot 8 = 3^8 \cdot 8^7 \cdot 8^1 = 3^8 \cdot 8^{(7+1)} = 3^8 \cdot 8^8$$

　　Die verbleibenden zwei Faktoren stimmen im Exponenten überein, sodass ihre Basis multipliziert werden kann und der Term damit weitestmöglich vereinfacht ist:

$$3^8 \cdot 8^8 = (3 \cdot 8)^8 = 24^8$$

　　d) Es wird zuerst verwendet, dass $\frac{1}{a^b} = a^{-b}$ gilt, dann werden die Faktoren mit gleicher Basis und abschließend die Term mit gleichem Exponenten zusammengefasst.

$$\frac{8^2}{8^{-2}} : 4^4 = 8^2 \cdot 8^{-(-2)} : 4^4 = 8^{2+2} : 4^4 = 8^4 : 4^4 = (8 : 4)^4 = 2^4$$

　　e) Wird ein Potenzterm noch einmal potenziert, so können die Potenzen multipliziert werden um den Term zu vereinfachen:

$$(5^3)^4 = 5^{3 \cdot 4} = 5^{12}$$

A 1.2　Zusammenfassen der gegebenen Terme:

　　a) Zunächst wird der Bruch aufgelöst, indem verwendet wird, dass $\frac{1}{a^b} = a^{-b}$ gilt:

$$\frac{x^2 \cdot x^{-3}}{x^7} = x^2 \cdot x^{-3} \cdot x^{-7}$$

　　Da die Basis aller Faktoren gleich ist, kann der Term durch Addition und Subtraktion der Exponenten zusammengefasst werden:

$$x^2 \cdot x^{-3} \cdot x^{-7} = x^{2-3-7} = x^{-8} = \frac{1}{x^8}$$

b) Wurzelterme ergeben sich aus nicht-ganzzahligen Exponenten zu $\sqrt[n]{x^m} = x^{\frac{m}{n}}$. Damit gilt:

$$\sqrt{a \cdot a \cdot a^3} = \sqrt{a^1 \cdot a^1 \cdot a^3} = \sqrt{a^{(1+1+3)}} = \sqrt{a^5} = a^{\frac{5}{2}}$$

c) Hier werden zunächst wie bereits beschrieben die Wurzelterme und anschließend die Bruchterme aufgelöst. Durch Addition und Subtraktion der Exponenten kann schließlich weitestgehend zusammengefasst werden:

$$y^{-4} \cdot \sqrt{y} \cdot \frac{y^2}{\sqrt[3]{y}} = y^{-4} \cdot y^{\frac{1}{2}} \cdot \frac{y^2}{y^{\frac{1}{3}}} = y^{-4} \cdot y^{\frac{1}{2}} \cdot y^2 \cdot y^{-\frac{1}{3}}$$

Für die Addition der Exponenten muss der Hauptnenner gebildet werden:

$$y^{-4} \cdot y^{\frac{1}{2}} \cdot y^2 \cdot y^{-\frac{1}{3}} = y^{-\frac{24}{6}} \cdot y^{\frac{3}{6}} \cdot y^{\frac{12}{6}} \cdot y^{-\frac{2}{6}} = y^{\frac{-24+3+12-2}{6}} = y^{-\frac{11}{6}}$$

d) Zusätzlich zu den beschriebenen Schritten der letzten Teilaufgabe muss hier berücksichtigt werden, dass mit x und z zwei verschiedene Basen vorkommen, die daher zunächst getrennt gruppiert werden:

$$\left(\frac{x^3 \cdot z^{-4}}{z^{-5} \cdot z^2}\right)^{-2} = \left(x^3 \cdot \frac{z^{-4}}{z^{-5} \cdot z^2}\right)^{-2} = \left(x^3 \cdot (z^{-4} \cdot z^{-(-5)} \cdot z^{-2})\right)^{-2} = (x^3 \cdot z^{(-4+5-2)})^{-2}$$
$$= (x^3 \cdot z^{-1})^{-2}$$

Der Term kann nun in zwei Faktoren geteilt werden. Für beide Faktoren kann dann vereinfacht werden, indem die Potenzen multipliziert werden:

$$(x^3 \cdot z^{-1})^{-2} = (x^3)^{-2} \cdot (z^{-1})^{-2} = x^{3 \cdot (-2)} \cdot z^{(-1) \cdot (-2)} = x^{-6} \cdot z^2 = \frac{z^2}{x^6}$$

A2 Zuordnen von Funktionsgraphen

A 1.0 Gegeben ist folgende Abbildung, welche die Funktionsgraphen von vier verschiedenen Potenzfunktionen zeigt:

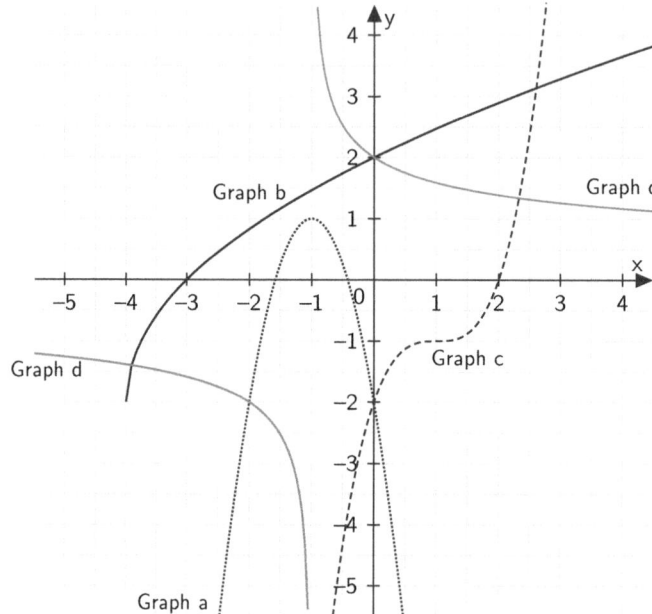

A 1.1 Ordnen Sie den Funktionsgraphen die folgenden Funktionsgleichungen zu:

$$\text{(I)} \quad y = (x-1)^3 - 1 \qquad\qquad \text{(II)} \quad y = -3 \cdot (x+1)^2 + 1$$

$$\text{(III)} \quad y = 2 \cdot (x+4)^{\frac{1}{2}} - 2 \qquad\qquad \text{(IV)} \quad y = 2 \cdot (x+1)^{-\frac{1}{3}}$$

A 1.2 Geben Sie anhand von Funktionsgleichung und Funktionsgraph für jede der Funktionen der letzten Teilaufgabe die Definitions- und Wertemenge an.

A2 Lösung — Zuordnen von Funktionsgraphen

A 1.1 Für die leichtere Zuordnung ist es sinnvoll, einige der gegebenen Funktionsgleichungen mithilfe der Potenzgesetze umzuformen:

$$(I) \quad y = (x-1)^3 - 1$$

$$(II) \quad y = -3 \cdot (x+1)^2 + 1$$

$$(III) \quad y = 2 \cdot (x+4)^{\frac{1}{2}} - 2 = 2 \cdot \sqrt{x+4} - 2$$

$$(IV) \quad y = 2 \cdot (x+1)^{-\frac{1}{3}} = \frac{2}{(x+1)^{\frac{1}{3}}} = \frac{2}{\sqrt[3]{x+1}}$$

Graph a beschreibt eine Parabel, welche nach unten geöffnet ist. Entsprechend muss die Funktionsgleichung 2 als Exponent haben. Da dies nur für die Funktionsgleichung (II) der Fall ist, gehört (II) also zu Graph a.

Graph b existiert nur für $x \geq -4$, was gemeinsam mit der Form des Funktionsgraphen für eine Wurzelfunktion spricht. Der zu Graph b gehörige Funktionsterm ist also (III).

Der Funktionsgraph c ist der einer Funktion mit ungeradem Exponent von x, also beispielsweise mit Exponent 3. Von den verbleibenden Funktionen gehört daher Funktion (I) zu Graph c.

Graph d weißt eine Lücke bei $x = -1$ auf, was auf eine Funktion hinweißt, bei der x im Nennerterm eines Bruchs auftritt. Dies ist für Funktion (IV) der Fall, welche auch die verbleibende Funktion nach Zuordnung der anderen ist, sodass (IV) zu Graph d gehört.

A 1.2 Für die Zuordnung von Definitions- und Wertemenge kann der Funktionsterm und der zugehörige Funktionsgraph betrachtet werden:

Funktion (I), Graph c:
Es handelt sich um eine Funktion dritten Grades. Demnach ist $D = \mathbb{R}$ und auch $W = \mathbb{R}$.

Funktion (II), Graph a:
Hier liegt eine Parabel, also eine quadratische Funktion vor. Es ist $D = \mathbb{R}$. Da die Parabel nach unten geöffnet ist, ist das Maximum der Funktion am Scheitelpunkt. Dieser kann aus dem Funktionsterm oder der Abbildung abgelesen werden zu $S(-1\,|\,1)$. Daraus ergibt sich $W = \,]-\infty;\,1]$.

Funktion (III), Graph b:
Da die Quadratwurzel nur für nichtnegative Zahlen definiert ist, muss $x + 4 \geq 0$, also $x \geq -4$ gelten, sodass $D = [-4;\,\infty[$ gilt. Da das Resultat der Wurzel ebenfalls größer oder gleich null ist, aber um 2 Einheiten nach unten verschoben ist, ergibt sich $W = [-2;\,\infty[$.

Funktion (IV), Graph d:
Für $x = -1$ würde durch 0 geteilt werden, was nicht erlaubt ist. Demnach muss $x = -1$ aus der Definitionsmenge ausgeschlossen werden und es ist $D = \mathbb{R}\backslash\{-1\}$. Für große Werte von x nähert sich der Graph an die x-Achse, also an den Funktionswert $y = 0$ an, erreicht diesen jedoch nie. Daher ist $W = \mathbb{R}\backslash\{0\}$.

A3 Aufgabe mit Anwendungsbezug: Stefan-Boltzmann-Gesetz

A 1.0 Das Stefan-Boltzmann-Gesetz beschreibt vereinfacht betrachtet die Wärmeleistung, die ein Körper ausstrahlt, wenn dieser eine bestimmte Temperatur T hat. Es lautet:

$$P = \sigma \cdot A \cdot T^4$$

Dabei beschreibt σ eine Konstante und A die Oberfläche des Körpers. Die Temperatur wird in Kelvin (K) angegeben.

A 1.1 Für einen Himmelskörper ist $\sigma \cdot A = 0{,}0004\ \dfrac{W}{K^4}$ gegeben. Berechnen Sie die Strahlungsleistung, wenn der Körper eine Temperatur von 30 K hat.

A 1.2 Geben Sie an, wie sich die Strahlungsleistung eines Körpers ändert, wenn sich dessen Temperatur verdoppelt.

A 1.3 Für astronomische Berechnungen ist es nützlich aus der gemessenen Strahlungsleistung die Temperatur eines Körpers zu bestimmen. Ermitteln Sie dafür einen Term der Umkehrfunktion von P(T), welcher die Temperatur in Abhängigkeit der Strahlungsleistung angibt.

A3 Lösung   Stefan-Boltzmann-Gesetz

A 1.1   Die gegebenen Werte werden in die Funktionsgleichung eingesetzt:

$$P = \sigma \cdot A \cdot T^4 = 0{,}0004\,\frac{W}{K^4} \cdot (30\,K)^4 = 0{,}004\,\frac{W}{K^4} \cdot 810000\,K^4 = 3240\,W$$

A 1.2   Für den bisherigen Wert gilt:

$$P_{alt} = \sigma \cdot A \cdot T_{alt}^4$$

Wird $T_{neu} = 2 \cdot T_{alt}$ in die Gleichung eingesetzt, kann der Funktionsterm mithilfe der Potenzgesetze umgeformt werden:

$$P_{neu} = \sigma \cdot A \cdot T_{neu} = \sigma \cdot A \cdot (2 \cdot T_{alt})^4 = \sigma \cdot A \cdot 2^4 \cdot T_{alt}^4 = 16 \cdot \sigma \cdot A \cdot T_{alt} = 16 \cdot P_{alt}$$

Verdoppelt sich die Temperatur, versechzehnfacht sich also die abgegebene Leistung.

A 1.3   Aus der gegebenen Funktion $P(T)$ soll die Umkehrfunktion $T(P)$ bestimmt werden:

$$P(T) = \sigma \cdot A \cdot T^4 \qquad |:(\sigma \cdot A)$$

$$\Longleftrightarrow \qquad \frac{P}{\sigma \cdot A} = T^4 \qquad |\sqrt[4]{\ }$$

$$\Longleftrightarrow \qquad \sqrt[4]{\frac{P}{\sigma \cdot A}} = T$$

$$\Longleftrightarrow \qquad T(P) = \sqrt[4]{\frac{P}{\sigma \cdot A}}$$

A4 **Potenzfunktion mit negativem Exponent**

A 1.0 Gegeben ist die Funktion $y = -3 \cdot (x-1)^{-\frac{1}{2}} + 1$.

A 1.1 Berechnen Sie die Funktionswerte in folgender Wertetabelle auf zwei Nachkommastellen genau:

x	2	3	4	5	6	7
y						

A 1.2 Ermitteln Sie die Definitions- und Wertemenge der Funktion.

A 1.3 Geben Sie die Gleichungen der Asymptoten an.

A 1.4 Stellen Sie den Funktionsgraph für $1{,}5 \leq x \leq 7$ graphisch dar.

A4 Lösung   Potenzfunktion mit negativem Exponent

A 1.1   Der gegebene Funktionsterm wird zunächst anders dargestellt:

$$y = -3 \cdot (x-1)^{-\frac{1}{2}} + 1 = \frac{-3}{(x-1)^{\frac{1}{2}}} + 1 = -\frac{3}{\sqrt{x-1}} + 1$$

Die Funktionswerte werden durch Einsetzen bestimmt, wie am Beispiel $x = 2$ gezeigt wird:

$$y = -\frac{3}{\sqrt{2-1}} + 1 = -\frac{3}{\sqrt{1}} + 1 = -3 + 1 = -2$$

Analog können die anderen Funktionswerte berechnet werden, sodass sich die komplette Tabelle ergibt:

x	2	3	4	5	6	7
y	−2	−1,12	−0,73	−0,5	−0,34	−0,22

A 1.2   Betrachtet wird der Funktionsterm der umgeformten Funktion:

$$y = -\frac{3}{\sqrt{x-1}} + 1$$

Die Wurzel ist nur für Zahlen größer oder gleich null definiert, sodass $x - 1 \geq 0$, also $x \geq 1$ sein muss. Da aber nie durch null geteilt werden darf, muss außerdem $x - 1 \neq 0$, also $x \neq 1$ gelten. Zusammenfassend ergibt sich daher die Definitionsmenge zu $D =]1; \infty[$.

Der Bruchterm nähert sich für große Werte von x an die x-Achse, also an den Funktionswert $y = 0$ an, erreicht diesen jedoch nie. Da das Vorzeichen des Bruchterms negativ ist, nähert sich der Wert des Bruchterms von unten an die x-Achse an. Im gegebenen Funktionsterm gibt es zudem aber noch eine konstante Verschiebung von $+1$. Das heißt, der Funktionsgraph nähert sich für große Werte von x von unten an den Wert $y = 1$ an. Es ist daher $W =]-\infty; 1[$.

A 1.3   Aus den Argumentationen und Ergebnissen zu Definitions- und Wertemenge ergibt sich eine senkrechte Asymptote mit der Gleichung $x = 1$ und eine waagrechte Asymptote mit der Gleichung $y = 1$.

A 1.4   Die graphische Darstellung kann mithilfe der Wertetabelle aus der ersten Teilaufgabe erfolgen:

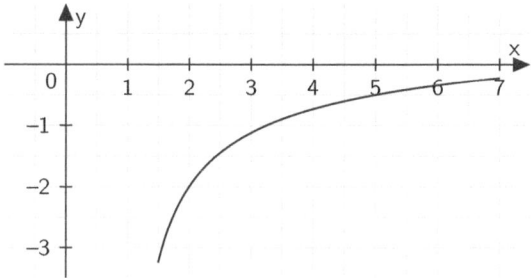

A5 Potenzgleichung

A 1   Berechnen Sie die Lösungsmengen folgender Gleichungen:

a) $65 - 53x^2 = 16 + 47x^2$

b) $x^3 - 23 = -13$

c) $(2x - 1)^2 = 25$

d) $10 = (2 - 3x)^3$

A5 Lösung Potenzgleichung

A 1 Die Gleichungen werden durch Anwendung der Potenzgesetze gelöst:

a) Bei Anwendung der Wurzel muss beachtet werden, dass sich zwei Lösungen ergeben.

$$65 - 53x^2 = 16 + 47x^2 \qquad |+53x^2$$
$$\Longleftrightarrow \qquad 65 = 16 + 100x^2 \qquad |-16$$
$$\Longleftrightarrow \qquad 49 = 100x^2 \qquad |:100$$
$$\Longleftrightarrow \qquad x^2 = 0{,}49 \qquad |\sqrt{\ }$$
$$\Longleftrightarrow \qquad x_{1;2} = \pm 0{,}7$$

Die Lösungsmenge lautet $L = \{-0{,}7; 0{,}7\}$.

b) Da keine Rundung angegeben ist, wird das Ergebnis hier exakt, also als Wurzelterm angegeben:

$$x^3 - 23 = -13 \qquad |+23$$
$$\Longleftrightarrow \qquad x^3 = 10 \qquad |\sqrt[3]{\ }$$
$$\Longleftrightarrow \qquad x = \sqrt[3]{10}$$

Die Lösungsmenge lautet $L = \left\{\sqrt[3]{10}\right\}$.

c) Hier wird für die Lösung die quadratische Lösungsformel verwendet:

$$(2x - 1)^2 = 25$$
$$\Longleftrightarrow \qquad (2x)^2 - 2 \cdot 2x \cdot 1 + 1^2 = 25$$
$$\Longleftrightarrow \qquad 4x^2 - 4x + 1 = 25 \qquad |-25$$
$$\Longleftrightarrow \qquad 4x^2 - 4x - 24 = 0$$

Lösungsformel:

$$x_{1;2} = \frac{-(-4) \pm \sqrt{(-4)^2 - 4 \cdot 4 \cdot (-24)}}{2 \cdot 4} = \frac{4 \pm \sqrt{400}}{8} = \frac{4 \pm 20}{8}$$
$$\Rightarrow \quad x_1 = -2 \quad \text{oder} \quad x_2 = 3$$

Die Lösungsmenge lautet $L = \{-2; 3\}$.

d) Auch hier muss wieder beachtet werden, dass die exakte Lösung gefordert ist, also das Ergebnis als Bruchterm angegeben werden muss:

$$10 = (2 - 3x)^3 \qquad |\sqrt[3]{\ }$$
$$\Longleftrightarrow \qquad \sqrt[3]{10} = 2 - 3x \qquad |+3x$$
$$\Longleftrightarrow \qquad \sqrt[3]{10} + 3x = 2 \qquad |-\sqrt[3]{10}$$
$$\Longleftrightarrow \qquad 3x = 2 - \sqrt[3]{10} \qquad |:3$$
$$\Longleftrightarrow \qquad x = \frac{2 - \sqrt[3]{10}}{3}$$

Die Lösungsmenge lautet $L = \left\{\dfrac{2 - \sqrt[3]{10}}{3}\right\}$.

A6 **Aufgabe mit Anwendungsbezug: 3. Keplersches Gesetz**

A 1.0 Planeten bewegen sich auf Ellipsen um die Sonne herum. Vergleicht man die Umlaufzeiten T_1 und T_2 zweier Planeten und die zugehörigen Längen der Achsen der Ellipsen a_1 und a_2, so gilt für diese dass 3. Keplersche Gesetz:

$$\left(\frac{T_1}{T_2}\right)^2 = \left(\frac{a_1}{a_2}\right)^3$$

A 1.1 Formen Sie die gegebene Gleichung nach T_1 um.

A 1.2 Die Beobachtungsdaten T_2 und a_2 eines Planeten sind bekannt. Für einen zweiten Planeten wird die Halbachse a_1 vermessen, sie ist das doppelte der Halbachse von a_2, also ist $a_1 = 2 \cdot a_2$. Was gilt daraus resultierend für die Umlaufzeit T_1 des Planeten?

A 1.3 Für astronomische Berechnungen ist es zweckmäßig, die Entfernungen nicht in Kilometern, sondern in astronomischen Einheiten (AU) anzugeben. Dieser Wert ist genau so definiert, dass für den Abstand Erde und Sonne der Wert $a_1 = 1\,\text{AU}$ gilt. Die Umlaufzeit der Erde um die Sonne beträgt vereinfacht genau ein Jahr, also $T_1 = 1\,\text{a}$. Für den Planeten Venus ist $a_2 = 0{,}723\,\text{AU}$. Zeigen Sie, dass die Umlaufzeit der Venus etwa $T_2 \approx 0{,}6\,\text{a}$ ist.

A6 Lösung 3. Keplersches Gesetz

A 1.1 Umformen der gegebenen Gleichung nach T_1:

$$\left(\frac{T_1}{T_2}\right)^2 = \left(\frac{a_1}{a_2}\right)^3 \qquad |\sqrt{}$$

$$\Longleftrightarrow \qquad \frac{T_1}{T_2} = \sqrt{\left(\frac{a_1}{a_2}\right)^3}$$

$$\Longleftrightarrow \qquad \frac{T_1}{T_2} = \left(\left(\frac{a_1}{a_2}\right)^3\right)^{\frac{1}{2}}$$

$$\Longleftrightarrow \qquad \frac{T_1}{T_2} = \left(\frac{a_1}{a_2}\right)^{\frac{3}{2}} \qquad |\cdot T_2$$

$$\Longleftrightarrow \qquad T_1 = T_2 \cdot \left(\frac{a_1}{a_2}\right)^{\frac{3}{2}}$$

A 1.2 In den Term aus der letzten Teilaufgabe wird $a_1 = 2 \cdot a_2$ eingesetzt und dann zusammengefasst. Dann ergibt sich ein Ausdruck der Umlaufzeit T_1 in Abhängigkeit von T_2: Wenn a_1 doppelt so groß ist wie a_2, so ist die Umlaufzeit T_1 um einen Faktor $\sqrt{8}$ größer als T_2.

A 1.3 In die gegebene Gleichung wird $T_1 = 1\,\text{a}$, $a_1 = 1\,\text{AU}$ und $a_2 = 0{,}723\,\text{AU}$ eingesetzt und nach T_2 umgeformt:

$$\left(\frac{T_1}{T_2}\right)^2 = \left(\frac{a_1}{a_2}\right)^3$$

$$\Rightarrow \qquad \left(\frac{1\,\text{a}}{T_2}\right)^2 = \left(\frac{1}{0{,}723}\right)^3 \qquad |\sqrt{}$$

$$\Longleftrightarrow \qquad \frac{1\,\text{a}}{T_2} = \left(\frac{1}{0{,}723}\right)^{\frac{3}{2}} \qquad |\cdot T_2$$

$$\Longleftrightarrow \qquad 1\,\text{a} = \left(\frac{1}{0{,}723}\right)^{\frac{3}{2}} \cdot T_2 \qquad |: \left(\frac{1}{0{,}723}\right)^{\frac{3}{2}}$$

$$\Longleftrightarrow \qquad T_2 = \frac{1\,\text{a}}{\left(\frac{1}{0{,}723}\right)^{\frac{3}{2}}}$$

$$\Longleftrightarrow \qquad T_2 \approx 0{,}6\,\text{a}$$

Übungsteil - Exponentialfunktionen, Logarithmen und Logarithmusfunktionen

A1 Original-Prüfung 2013 Teil A-A1 (adaptiert)

A 1.0 In einer Medikamentenstudie wird in drei zeitgleich beginnenden Laborversuchen die Vermehrung von Krankheitserregern untersucht.
Bei allen Versuchen geht man von anfänglich 10 000 Krankheitserregern aus.

A 1.1 Im ersten Versuch wird festgestellt, dass sich die Anzahl der Krankheitserreger ohne Zugabe eines Medikaments täglich um 16 % vergrößert. Bestimmen Sie durch Rechnung, am wievielten Tag nach Versuchsbeginn sich die Anzahl der Krankheitserreger verdreifacht hat.   2 P

A 1.2 Beim zweiten Versuch wird zu Beginn ein Medikament A zugegeben. Nach Ablauf von 12 Tagen beträgt die Anzahl der Krankheitserreger 45 000. Berechnen Sie, um wie viel Prozent die Anzahl der Krankheitserreger mit Medikament A täglich zunimmt. Runden Sie auf ganze Prozent.   1 P

A 1.3 Beim dritten Versuch wird ein Medikament B zugegeben, mit dem die Anzahl der Krankheitserreger täglich nur um 8 % zunimmt. Bestimmen Sie durch Rechnung, am wievielten Tag nach Versuchsbeginn die Anzahl der Krankheitserreger mit Medikament B halb so groß ist wie die Anzahl der Krankheitserreger aus dem Versuch aus 1.1 ohne Medikament.   2 P

A1 Lösung   Original-Prüfung 2013 Teil A-A1 (adaptiert)

A 1.1   Da es sich hierbei um ein exponentielles Wachstum handelt (Anzahl der Krankheitserreger vergrößert sich täglich um 16 %) und anfänglich 10 000 Krankheitserreger vorhanden sind, berechnet man den Tag $x \in \mathbb{R}_0^+$, an dem sich Anzahl der Krankheitserreger verdreifacht hat ($10\,000 \cdot 3 = 30\,000$), wie folgt:

$$30\,000 = 10\,000 \cdot 1{,}16^x \qquad |:10\,000$$
$$\Longleftrightarrow \qquad 3 = 1{,}16^x \qquad |\log(\ )$$
$$\Longleftrightarrow \qquad x = \log_{1{,}16} 3$$
$$\Longleftrightarrow \qquad \underline{x = 7{,}4} \qquad \mathbb{L} = \{7{,}4\}$$

Am 8. Tag nach Versuchsbeginn hat sich die Anzahl der Krankheitserreger verdreifacht.

A 1.2   Auch hierbei muss eine Exponentialgleichung aufgestellt werden. Für $k \in \mathbb{R}^+ \setminus \{1\}$ gilt:

$$45\,000 = 10\,000 \cdot k^{12} \qquad |:10\,000$$
$$\Longleftrightarrow \qquad 4{,}5 = k^{12} \qquad |\sqrt[12]{\ }$$
$$\Longleftrightarrow \qquad \underline{k = 1{,}13} \qquad \mathbb{L} = \{1{,}13\}$$

Die Anzahl der Krankheitserreger nimmt täglich um 13 % zu.

A 1.3   Die Anzahl der Krankheitserreger nach x Tagen aus dem Versuch aus 1.1 ohne Medikament ist $10\,000 \cdot 1{,}16^x$. Die zu lösende Gleichung für $x \in \mathbb{R}_0^+$ lautet also:

$$0{,}5 \cdot 10\,000 \cdot 1{,}16^x = 10\,000 \cdot 1{,}08^x$$
$$\Longleftrightarrow \qquad 5\,000 \cdot 1{,}16^x = 10\,000 \cdot 1{,}08^x \qquad |:5\,000 \;|:1{,}08^x$$
$$\Longleftrightarrow \qquad \left(\frac{1{,}16}{1{,}08}\right)^x = 2 \qquad |\log(\ )$$
$$\Longleftrightarrow \qquad x = \log_{1{,}07} 2$$
$$\Longleftrightarrow \qquad \underline{x = 9{,}7} \qquad \mathbb{L} = \{9{,}7\}$$

Am 10. Tag ist die Anzahl der Krankheitserreger halb so groß wie die Anzahl aus dem Versuch zu 1.1.

A2 Original-Prüfung 2013 Teil B1 (adaptiert)

A 1.0 Gegeben ist die Funktion f_1 mit der Gleichung $y = 2 \cdot \log_2(x + 5) + 3$ mit $\mathbb{G} = \mathbb{R} \times \mathbb{R}$.

A 1.1 Geben Sie die Definitionsmenge und die Wertemenge der Funktion f_1 sowie die Gleichung der Asymptote h an und zeichnen Sie sodann den Graphen zu f_1 für $x \in [-4{,}5;\ 8]$ in ein Koordinatensystem.
Für die Zeichnung: Längeneinheit 1 cm; $-6 \leq x \leq 8$; $-4 \leq y \leq 11$.   4 P

A 1.2 Der Graph der Funktion f_1 wird durch Achsenspiegelung an der x-Achse und anschließende Parallelverschiebung mit dem Vektor $\vec{v} = \begin{pmatrix} -1 \\ 8 \end{pmatrix}$ auf den Graphen der Funktion f_2 abgebildet. Zeigen Sie rechnerisch, dass die Funktion f_2 die Gleichung $y = -2 \cdot \log_2(x + 6) + 5$ besitzt ($\mathbb{G} = \mathbb{R} \times \mathbb{R}$) und zeichnen Sie sodann den Graphen zu f_2 in das Koordinatensystem zu 1.1 ein.   3 P

A 1.3 Punkte $A_n\left(x \mid 2 \cdot \log_2(x + 5) + 3\right)$ auf dem Graphen zu f_1 und Punkte $B_n\left(x \mid -2 \cdot \log_2(x + 6) + 5\right)$ auf den Graphen zu f_2 haben dieselbe Abszisse x. Sie sind für $x > -4$ zusammen mit dem Schnittpunkt $S\left(-4 \mid 3\right)$ der Graphen zu f_1 und f_2 und Punkten C_n die Eckpunkte von Parallelogrammen $A_n S B_n C_n$.
Zeichnen Sie die Parallelogramme $A_1 S B_1 C_1$ für $x = 0$ und $A_2 S B_2 C_2$ für $x = 2$ in das Koordinatensystem zu 1.1 ein.   2 P

A 1.4 Zeigen Sie rechnerisch, dass für die Koordinaten der Diagonalenschnittpunkte M_n der Parallelogramme $A_n S B_n C_n$ in Abhängigkeit von der Abszisse x der Punkte A_n gilt: 3 P

$$M_n\left(x \ \bigg| \ \log_2 \frac{x + 5}{x + 6} + 4\right).$$

Berechnen Sie sodann die Koordinaten des Diagonalenschnittpunktes M_3 für $C_3\left(16 \ \Big| \ y_{C_3}\right)$ mit $y_{C_3} \in \mathbb{R}$.

A 1.5 Berechnen Sie die Koordinaten der Punkte C_n in Abhängigkeit von x.   2 P

A 1.6 Begründen Sie durch Rechnung, dass es unter den Parallelogrammen $A_n S B_n C_n$ keine Raute gibt.   3 P

A2 Lösung   Original-Prüfung 2013 Teil B1 (adaptiert)

A 1.1   Um die Definitionsmenge von f_1 zu bestimmen, überlegt man sich, wo die einschränkende Bedingung liegt. Diese liegt beim Term der Logarithmusfunktion $\log_2(x + 5)$, welcher positiv sein muss, also muss $x + 5 > 0$ gelten. Dies ist äquivalent zu $x > -5$. Die Definitionsmenge lautet also

$$\underline{\mathbb{D}_{f_1} = \{x \mid x > -5\}} \quad \text{mit } x \in \mathbb{R}.$$

Somit lautet die Gleichung der Asymptote $h: x = -5$.
Die Wertemenge ist bei einer Logarithmusfunktion stets ganz $\mathbb{R}$, also $\mathbb{W}_{f_1} = \mathbb{R}$.

Zeichnen des Graphen zu f_1:
(**Hinweis:** Die Darstellung ist nicht maßstabsgetreu, da die Zeichnung für den Buchdruck skaliert wurde.)

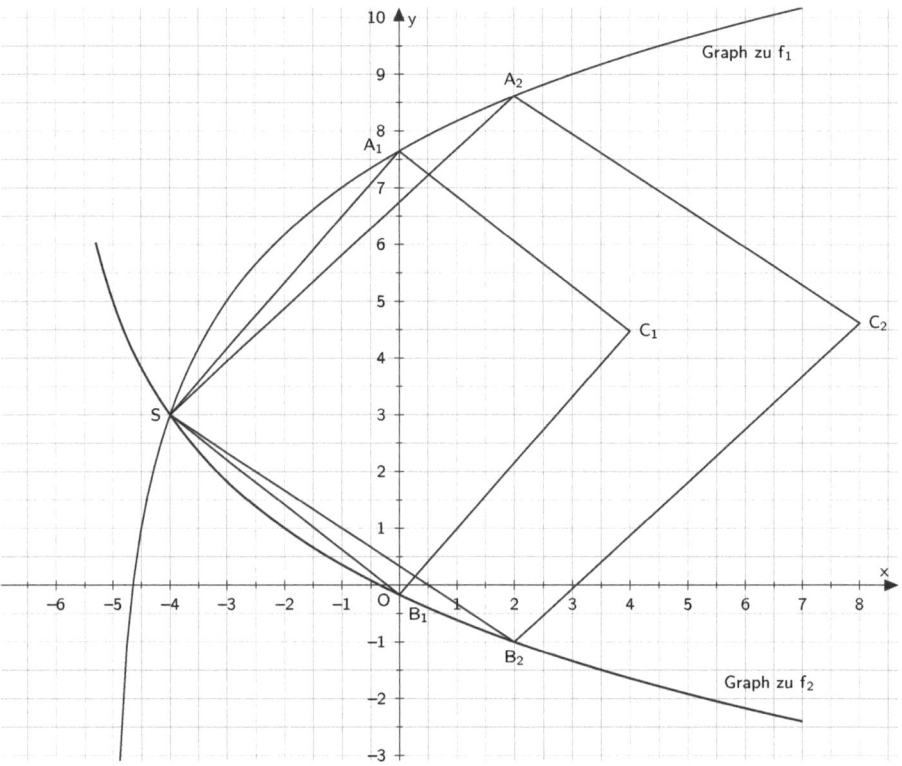

A 1.2   Zuerst wird der Graph der Funktion f_1 durch Achsenspiegelung an der x-Achse gespiegelt. Für $\mathbb{G} = \mathbb{R} \times \mathbb{R}$, $x \in \mathbb{R}$ und $x > -5$ gilt also:

$$\begin{pmatrix} x' \\ y' \end{pmatrix} = \begin{pmatrix} 1 & 0 \\ 0 & -1 \end{pmatrix} \odot \begin{pmatrix} x \\ 2 \cdot \log_2(x + 5) + 3 \end{pmatrix}$$

$$\Longleftrightarrow \qquad \begin{pmatrix} x' \\ y' \end{pmatrix} = \begin{pmatrix} 1 \cdot x + 0 \cdot (2 \cdot \log_2(x+5) + 3) \\ 0 \cdot x + (-1) \cdot (2 \cdot \log_2(x+5) + 3) \end{pmatrix}$$

$$\Longleftrightarrow \qquad \begin{pmatrix} x' \\ y' \end{pmatrix} = \begin{pmatrix} x \\ -1 \cdot (2 \cdot \log_2(x+5) + 3) \end{pmatrix}$$

$$\Longleftrightarrow \qquad \begin{pmatrix} x' \\ y' \end{pmatrix} = \begin{pmatrix} x \\ -2 \cdot \log_2(x+5) - 3 \end{pmatrix}$$

Dies führt zu dem Gleichungssystem

$$x' = x$$
$$\wedge \quad y' = -2 \cdot \log_2(x+5) - 3$$

Einsetzen von $x = x'$ in die zweite Gleichung ergibt:

$$y' = -2 \cdot \log_2(x'+5) - 3$$

Die Abbildung von f_1 durch Achsenspiegelung an der x-Achse ist nun abgeschlossen. Jetzt fehlt noch die Parallelverschiebung mit dem Vektor $\vec{v} = \begin{pmatrix} -1 \\ 8 \end{pmatrix}$. Für $\mathbb{G} = \mathbb{R} \times \mathbb{R}$, $x' \in \mathbb{R}$ und $x' > -5$ ergibt sich:

$$\begin{pmatrix} x'' \\ y'' \end{pmatrix} = \begin{pmatrix} x' \\ -2 \cdot \log_2(x'+5) - 3 \end{pmatrix} \oplus \begin{pmatrix} -1 \\ 8 \end{pmatrix}$$

$$\Longleftrightarrow \qquad \begin{pmatrix} x'' \\ y'' \end{pmatrix} = \begin{pmatrix} x' - 1 \\ -2 \cdot \log_2(x'+5) + 5 \end{pmatrix}$$

Dies führt wiederum zu dem Gleichungssystem:

$$x'' = x' - 1$$
$$\wedge \quad y'' = -2 \cdot \log_2(x'+5) + 5$$

Umformen der ersten Gleichung ergibt $x' = x'' + 1$. In die zweite Gleichung eingesetzt erhält man:

$$y'' = -2 \cdot \log_2(x''+6) + 5$$

Somit lautet die Gleichung der Funktion $f_2 : y = -2 \cdot \log_2(x+6) + 5$, $\mathbb{G} = \mathbb{R} \times \mathbb{R}$.

Einzeichnen des Graphen zu f_2: Siehe Zeichnung zu Aufgabe B 1.1.

A 1.3   Es gilt: $A_1(0 \mid 7{,}64)$, $B_1(0 \mid -0{,}17)$, $A_2(2 \mid 8{,}61)$ und $B_2(2 \mid -1)$.

Einzeichnen der Parallelogramme $A_1SB_1C_1$ für $x = 0$ und $A_2SB_2C_2$ für $x = 2$, siehe Zeichnung zu Aufgabe B 1.1.

A 1.4   Da die Diagonalen in einem Parallelogramm sich gegenseitig halbieren, ist die Berechnung des Mittelpunkts der Strecke $[A_nB_n]$ zielführend. Dann gilt für $x > -4$ und $x \in \mathbb{R}$:

$$M_n \left(\frac{x_{A_n} + x_{B_n}}{2} \,\middle|\, \frac{y_{A_n} + y_{B_n}}{2} \right)$$

$$\Longleftrightarrow \qquad M_n \left(\frac{x + x}{2} \,\middle|\, \frac{2 \cdot \log_2(x+5) + 3 + (-2 \cdot \log_2(x+6) + 5)}{2} \right)$$

$$\Longleftrightarrow \quad M_n\left(x \left| \frac{2 \cdot [\log_2(x+5) - \log_2(x+6)] + 8}{2}\right.\right)$$

$$\Longleftrightarrow \quad M_n\left(x \left| \frac{2 \cdot [\log_2(x+5) - \log_2(x+6)]}{2} + \frac{8}{2}\right.\right)$$

$$\Longleftrightarrow \quad M_n\left(x \left| \log_2(x+5) - \log_2(x+6) + 4\right.\right)$$

$$\Longleftrightarrow \quad M_n\left(x \left| \log_2\left(\frac{x+5}{x+6}\right) + 4\right.\right)$$

Für die Koordinaten des Diagonalenschnittpunktes M_3 für $C_3\left(16 \left| y_{C_3}\right.\right)$ muss zuerst der Mittelpunkt der Strecke $[SC_3]$ bestimmt werden: $x_{M_3} = \frac{-4+16}{2} = 6$. Einsetzen in die Koordinaten von M_3 ergibt dann:

$$M_n\left(6 \left| \log_2\left(\frac{6+5}{6+6}\right) + 4\right.\right) \quad \Longleftrightarrow \quad \underline{M_n\left(6 \left| 3{,}87\right.\right)}$$

A 1.5   Um die Koordinaten von C_n zu berechnen, verwendet man die Vektoraddition. Mit $\mathbb{G} = \mathbb{R} \times \mathbb{R}$; $x > -4$ und $x \in \mathbb{R}$ gilt:

$$\overrightarrow{OC_n} = \overrightarrow{OM_n} \oplus \overrightarrow{SM_n}$$

$$\Longleftrightarrow \quad \overrightarrow{OC_n} = \begin{pmatrix} x \\ \log_2\left(\frac{x+5}{x+6}\right) + 4 \end{pmatrix} \oplus \begin{pmatrix} x - (-4) \\ \log_2\left(\frac{x+5}{x+6}\right) + 4 - 3 \end{pmatrix}$$

$$\Longleftrightarrow \quad \overrightarrow{OC_n} = \begin{pmatrix} 2x + 4 \\ 2 \cdot \log_2\left(\frac{x+5}{x+6}\right) + 5 \end{pmatrix}$$

Somit sind die Koordinaten von $\underline{C_n\left(2x + 4 \left| 2 \cdot \log_2\left(\frac{x+5}{x+6}\right) + 5\right.\right)}$.

A 1.6   Bei einer Raute müsste für den y-Wert des Diagonalenschnittpunktes gelten ($x > -4$ und $x \in \mathbb{R}$):

$$\log_2\left(\frac{x+5}{x+6}\right) + 4 = 3 \qquad |-4$$

$$\Longleftrightarrow \qquad \log_2\left(\frac{x+5}{x+6}\right) = -1$$

Durch Substitution von $\frac{x+5}{x+6}$ mit z wird die Lösung der Gleichung ermittelt:

$$\log_2 z = -1$$

$$\Longleftrightarrow \qquad z = 2^{-1} = 0{,}5$$

Rücksubstituieren:

$$\frac{x+5}{x+6} = 0{,}5 \qquad | \cdot (x+6)$$

$$\Longleftrightarrow \qquad x + 5 = 0{,}5x + 3 \qquad |-0{,}5x \quad |-5$$

$$\Longleftrightarrow \qquad 0{,}5x = -2 \qquad | \cdot 2$$

$$\Longleftrightarrow \qquad \underline{x = -4}$$

Nach Voraussetzung ist aber $x > -4$, d. h. $\mathbb{L} = \emptyset$. Somit existiert keine Raute.

A3 Original-Prüfung 2014 Teil A-A2 (adaptiert)

A 1.0 Ein Leichtathletikverband hat für die Wettbewerbe beim Zehnkampf Funktionsglei-chungen festgelegt, mit denen sich die jeweilige Anzahl der Punkte, die die Sportler in den einzelnen Disziplinen erreichen können, berechnen lässt. Beim Weitsprung der Frauen wird die Anzahl der Punkte in Abhängigkeit von der Sprungweite x cm durch die Funktion f_1 mit der Gleichung $y = 0{,}188807 \cdot (x - 210)^{1{,}41}$ ($\mathbb{G} = \mathbb{R}_0^+ \times \mathbb{R}_0^+$) ermittelt. Der auf Ganze gerundete Wert für y ergibt die Anzahl der erreichten Punkte.

A 1.1 Geben Sie die Definitionsmenge der Funktion f_1 an.   3 P
Zeichnen Sie sodann den Graphen zu f_1 in das Koordinatensystem ein. Der bereits eingezeichnete Graph gehört zu der Funktion f_2, mit deren Hilfe die Punkte beim Weitsprung der Männer ermittelt werden.

(**Hinweis:** Die Darstellung ist nicht maßstabsgetreu, da die Zeichnung für den Buchdruck skaliert wurde.)

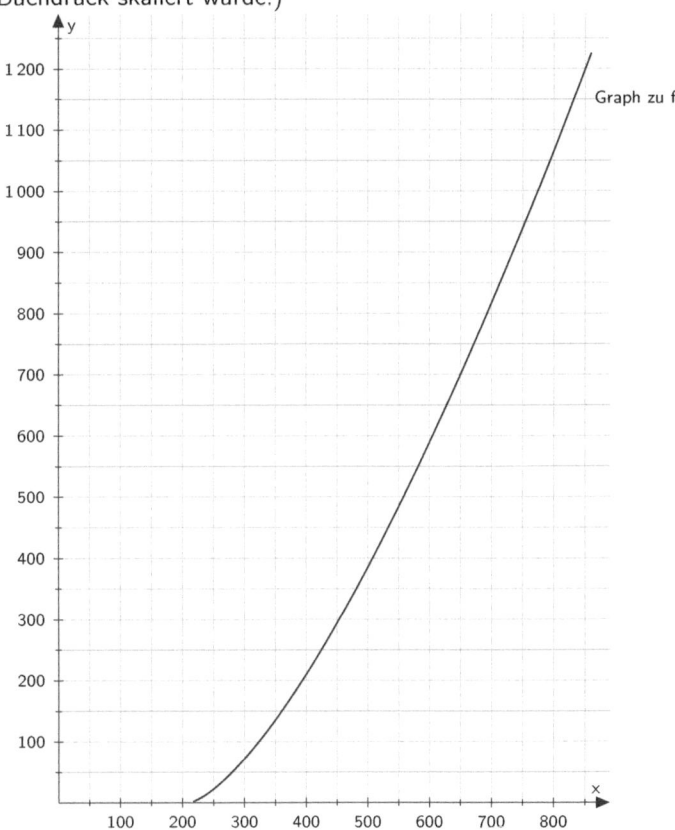

A 1.2   Ein Mann und eine Frau erreichen beim Weitsprung jeweils 700 Punkte. Ermitteln   1 P
        Sie mit Hilfe der Graphen, um wie viel weiter der Mann dabei gesprungen ist.

A 1.3   Eine Frau erreicht beim Weitsprung 900 Punkte.   2 P
        Berechnen Sie die zugehörige Sprungweite auf Zentimeter gerundet.

A 1.4   Beim Stabhochsprung der Frauen wird die Anzahl der Punkte in Abhängigkeit von   3 P
        der übersprungenen Höhe x cm durch die Funktion h_1 mit der Gleichung
        $y = 0{,}44125 \cdot (x - 100)^{1{,}35}$ ermittelt, bei den Männern durch die Funktion h_2 mit der
        Gleichung $y = 0{,}2797 \cdot (x - 100)^{1{,}35}$ ($\mathbb{G} = \mathbb{R}_0^+ \times \mathbb{R}_0^+$).
        Ein Mann und eine Frau überspringen die gleiche Höhe, dabei erzielt die Frau 500
        Punkte mehr als der Mann.

        Berechnen Sie diese übersprungene Höhe auf Zentimeter gerundet.

A3 Lösung   Original-Prüfung 2014 Teil A-A2 (adaptiert)

A 1.1   Die Funktion $y = 0{,}188807 \cdot (x - 210)^{1,41}$ ist eine Potenzfunktion mit rationalem Exponenten. Der Teil $(x - 210)^{1,41}$ lässt sich mithilfe der Wurzelfunktion umschreiben:

$$(x - 210)^{1,41}$$
$$\Longleftrightarrow \qquad (x - 210)^{\frac{141}{100}}$$
$$\Longleftrightarrow \qquad \sqrt[100]{(x - 210)^{141}}$$

Es ergibt sich also für das Argument der Wurzel die einschränkende Bedingung:

$$(x - 210)^{141} \geq 0 \qquad | \ \sqrt[141]{}$$
$$\Longleftrightarrow \qquad x - 210 \geq 0 \qquad | + 210$$
$$\Longleftrightarrow \qquad \underline{x \geq 210}$$

Somit ist der Definitionsbereich gegeben durch: $\mathbb{D} = \{x \mid x \geq 210\}$.

Einzeichnen des Graphen zu f_1:
(**Hinweis:** Die Darstellung ist nicht maßstabsgetreu, da die Zeichnung für den Buchdruck skaliert wurde.)

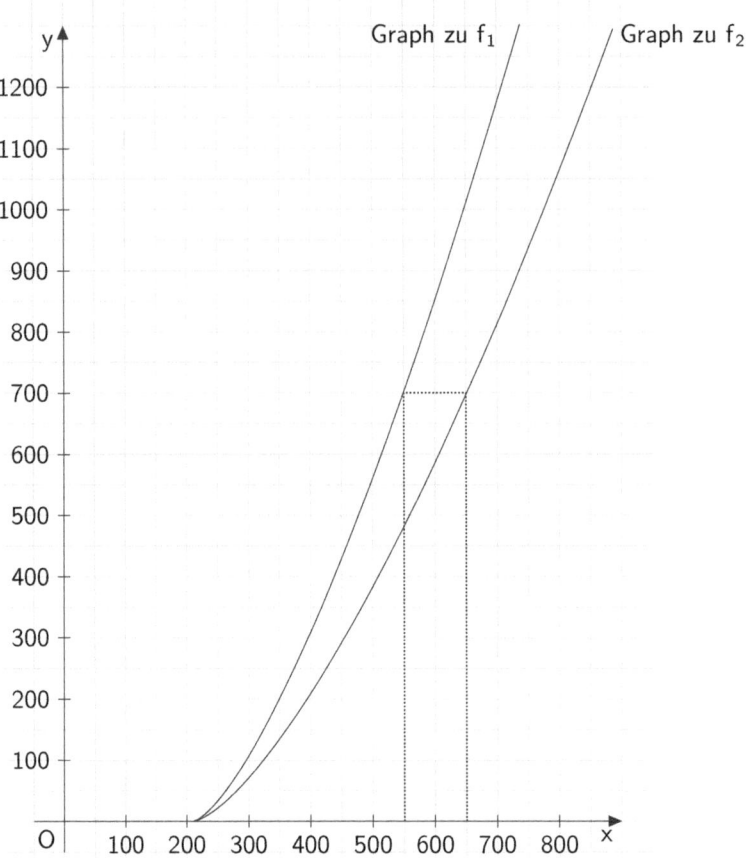

A 1.2   Zum Ablesen siehe graue Linie in Zeichnung oben. Im Rahmen der Zeichen- und Ablesegenauigkeit: Der Mann springt <u>100 cm</u> weiter.

A 1.3   Einsetzen von 900 in die Funktion f_1. Dann gilt für $x \geq 210$ und $x \in \mathbb{R}_0^+$:

$$900 = 0{,}188807 \cdot (x - 210)^{1{,}41} \qquad |:0{,}188807$$
$$\Longleftrightarrow \quad 4\,766{,}77 = (x - 210)^{1{,}41} \qquad |\sqrt[1{,}41]{}$$
$$\Longleftrightarrow \quad 406{,}13 = x - 210 \qquad |+210$$
$$\Longleftrightarrow \quad \underline{\underline{x = 616{,}13}} \qquad \mathbb{L} = \{616{,}13\}$$

Die Frau springt 616 cm weit.

A 1.4   Da die Funktionen die Punkte der Sprünge beschreiben (und x die Sprunghöhe ist), kann die Aufgabenstellung in folgende Gleichung übersetzt werden:

$$h_1(x) = h_2(x) + 500$$

Lösen der Gleichung für $x \geq 100$ und $x \in \mathbb{R}_0^+$ ergibt:

$$0{,}44125 \cdot (x - 100)^{1{,}35} = 0{,}2797 \cdot (x - 100)^{1{,}35} + 500 \qquad | - 0{,}2797(x - 100)^{1{,}35}$$

$$\Longleftrightarrow \quad 0{,}44125(x - 100)^{1{,}35} - 0{,}2797(x - 100)^{1{,}35} = 500$$

$$\Longleftrightarrow \quad (0{,}44125 - 0{,}2797)(x - 100)^{1{,}35} = 500$$

$$\Longleftrightarrow \quad 0{,}16155(x - 100)^{1{,}35} = 500 \qquad | : 0{,}16155$$

$$\Longleftrightarrow \quad (x - 100)^{1{,}35} = 3\,095{,}02 \qquad | \sqrt[1{,}35]{}$$

$$\Longleftrightarrow \quad x - 100 = 385{,}19 \qquad | + 100$$

$$\Longleftrightarrow \quad \underline{x = 485{,}19} \qquad \mathbb{L} = \{485{,}19\}$$

Somit beträgt die übersprungene Höhe <u>485 cm</u>.

A4 Original-Prüfung 2015 Teil A-A3 (adaptiert)

A 1.0 Gegeben ist die Funktion f_1 mit der Gleichung $y = \log_2(x + 2) + 1$ $(\mathbb{G} = \mathbb{R} \times \mathbb{R})$.

A 1.1 Geben Sie die Definitionsmenge der Funktion f_1 an. 1 P

A 1.2 Bestimmen Sie die nach y aufgelöste Gleichung der Umkehrfunktion zu f_1. 2 P

A 1.3 Der Graph der Funktion f_2 hat eine Gleichung der Form $y = \log_2(-x + a) + 3$ 2 P
($\mathbb{G} = \mathbb{R} \times \mathbb{R}$; $a \in \mathbb{R}$) und schneidet den Graphen der Funktion f_1 auf der y-Achse.
Bestimmen Sie den zugehörigen Wert für a.

A4 Lösung
Original-Prüfung 2015 Teil A-A3 (adaptiert)

A 1.1   Die Logarithmusfunktion ist nur für positive Argumente definiert, d. h. der Ausdruck in der Klammer muss positiv sein:

$$x + 2 > 0 \qquad | -2$$
$$\Longleftrightarrow \qquad \underline{x > -2}$$

Die Definitionsmenge ist also $\underline{\mathbb{D} = \{x \mid x > -2\}}$

A 1.2   Um die Umkehrfunktion zu bilden, müssen zunächst die Variablennamen von x und y vertauscht werden. Anschließend wird die Gleichung nach y umgeformt:

$$x = \log_2(y + 2) + 1 \qquad | -1$$
$$\Longleftrightarrow \qquad x - 1 = \log_2(y + 2)$$
$$\Longleftrightarrow \qquad 2^{x-1} = y + 2 \qquad | -2$$
$$\Longleftrightarrow \qquad \underline{y = 2^{x-1} - 2}$$

Die Gleichung der Umkehrfunktion von f_1 ist also $f_1^{-1}: y = 2^{x-1} - 2$.

A 1.3   Wenn sich die beiden Graphen auf der y-Achse schneiden, so gilt in diesem Fall $x = 0$. Gleichsetzen der beiden Funktionen ergibt dann für $a \in \mathbb{R}^+$:

$$\log_2(0 + a) + 3 = \log_2(0 + 2) + 1$$
$$\Longleftrightarrow \qquad \log_2 a + 3 = \log_2 2 + 1$$
$$\Longleftrightarrow \qquad \log_2 a + 3 = 1 + 1 \qquad | -3$$
$$\Longleftrightarrow \qquad \log_2 a = -1$$
$$\Longleftrightarrow \qquad a = 2^{-1}$$
$$\Longleftrightarrow \qquad a = \frac{1}{2^1}$$
$$\Longleftrightarrow \qquad \underline{a = 0{,}5} \qquad \mathbb{L} = \{0{,}5\}$$

A5 Original-Prüfung 2015 Teil B1 (adaptiert)

A 1.0 Gegeben ist die Funktion f_1 mit der Gleichung $y = 0{,}75^{x+2} - 3$ ($\mathbb{G} = \mathbb{R} \times \mathbb{R}$).

A 1.1 Geben Sie die Definitions- und Wertemenge der Funktion f_1 an.   3 P
Zeichnen Sie sodann den Graphen zu f_1 für $x \in [-9; 4]$ in ein Koordinatensystem.
Für die Zeichnung: Längeneinheit 1 cm; $-9 \leq x \leq 5$; $-4 \leq y \leq 8$

A 1.2 Der Graph der Funktion f_1 wird durch orthogonale Affinität mit der x-Achse als   4 P
Affinitätsachse und dem Affinitätsmaßstab $k = -2$ sowie anschließende Parallelver-
schiebung mit dem Vektor $\vec{v} = \begin{pmatrix} -2 \\ 1 \end{pmatrix}$ auf den Graphen der Funktion f_2 abgebildet.
Zeigen Sie rechnerisch, dass die Funktion f_2 die Gleichung $y = -2 \cdot 0{,}75^{x+4} + 7$ besitzt
($\mathbb{G} = \mathbb{R} \times \mathbb{R}$) und zeichnen Sie sodann den Graphen zu f_2 für $x \in [-9; 4]$ in das
Koordinatensystem zu B 1.1 ein.

A 1.3 Punkte $A_n \left(x \,|\, 0{,}75^{x+2} - 3 \right)$ auf dem Graphen zu f_1 und Punkte $C_n \left(x \,|\, -2 \cdot 0{,}75^{x+4} + 7 \right)$ 2 P
auf dem Graphen zu f_2 haben dieselbe Abszisse x und sind für $x > -6{,}61$ zusammen
mit Punkten B_n und D_n die Eckpunkte von Drachenvierecken $A_n B_n C_n D_n$.
Die Strecken $[A_n C_n]$ leigen auf den Symmetrieachsen der Drachenvierecke $A_n B_n C_n D_n$.
Es gilt: $\overrightarrow{A_n B_n} = \begin{pmatrix} 3 \\ 2 \end{pmatrix}$.
Zeichnen Sie das Drachenviereck $A_1 B_1 C_1 D_1$ für $x = -5$ und das Drachenviereck
$A_2 B_2 C_2 D_2$ für $x = 1$ in das Koordinatensystem zu B 1.1 ein.

A 1.4 Bestätigen Sie durch Rechnung, dass für die Länge der Strecken $[A_n C_n]$ in Abhängig-   2 P
keit von der Abszisse x der Punkte A_n gilt: $\overline{A_n C_n}(x) = (-2{,}125 \cdot 0{,}75^{x+2} + 10)\,\text{LE}$.

A 1.5 Unter den Drachenvierecken $A_n B_n C_n D_n$ gibt es die Raute $A_3 B_3 C_3 D_3$.   3 P
Berechnen Sie die Koordinaten des Punktes B_3 auf zwei Stellen nach dem Komma
gerundet.

A 1.6 Zeigen Sie, dass für den Flächeninhalt A der Drachenvierecke $A_n B_n C_n D_n$ in Abhän-   3 P
gigkeit von der Abszisse x der Punkte A_n gilt: $A(x) = (-6{,}375 \cdot 0{,}75^{x+2} + 30)\,\text{FE}$.
Begründen Sie sodann, dass für den Flächeninhalt aller Drachenvierecke $A_n B_n C_n D_n$
gilt: $A < 30\,\text{FE}$.

A5 Lösung   Original-Prüfung 2015 Teil A-A3 (adaptiert)

A 1.1 Für die Definitionsmenge gibt es keine Einschränkung, da für x alle Werte zugelassen sind, also $\mathbb{D} = \mathbb{R}$. Da f_1 eine Exponentialfunktion der Form $a^{x-b} + c$ ist, für welche stets $\mathbb{W} = \{y \mid y > c\}$ gilt, lautet die Wertemenge für f_1: $\mathbb{W} = \{y \mid y > -3\}$.

Zeichnung von f_1 für $x \in [-9; 4]$:
(**Hinweis:** Die Darstellung ist nicht maßstabsgetreu, da die Zeichnung für den Buchdruck skaliert wurde.)

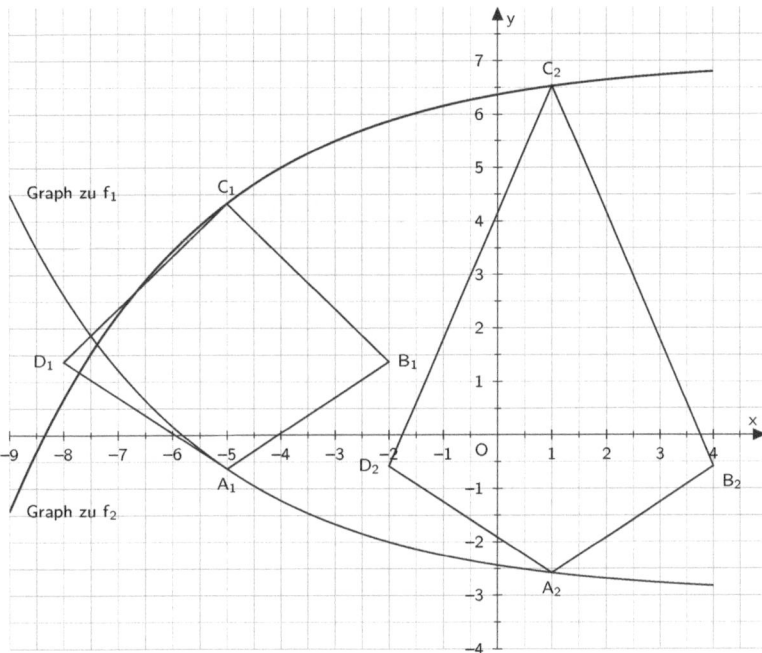

A 1.2 Die Abbildungsgleichung der orthogonalen Affinität mit der x-Achse lautet:

$$\begin{pmatrix} x' \\ y' \end{pmatrix} = \begin{pmatrix} 1 & 0 \\ 0 & k \end{pmatrix} \odot \begin{pmatrix} x \\ y \end{pmatrix}$$

Setzt man in diese den Affinitätsmaßstab $k = -2$ und die Funktion f_1 ein, so gilt mit $\mathbb{G} = \mathbb{R} \times \mathbb{R}$ und $x \in \mathbb{R}$:

$$\begin{pmatrix} x' \\ y' \end{pmatrix} = \begin{pmatrix} 1 & 0 \\ 0 & -2 \end{pmatrix} \odot \begin{pmatrix} x \\ 0{,}75^{x+2} - 3 \end{pmatrix}$$

$$= \begin{pmatrix} 1 \cdot x + 0 \cdot (0{,}75^{x+2} - 3) \\ 0 \cdot x + (-2) \cdot (0{,}75^{x+2} - 3) \end{pmatrix}$$

$$= \begin{pmatrix} x \\ -2 \cdot 0{,}75^{x+2} + 6 \end{pmatrix}$$

Dies führt zu dem Gleichungssystem

$$x' = x$$
$$\wedge \quad y' = -2 \cdot 0{,}75^{x'+2} + 6$$

Einsetzen von $x = x'$ in die untere Gleichung ergibt $\underline{y' = -2 \cdot 0{,}75^{x'+2} + 6}$.

Jetzt fehlt noch die Parallelverschiebung mit dem Vektor $\vec{v} = \begin{pmatrix} -2 \\ 1 \end{pmatrix}$. Für $\mathbb{G} = \mathbb{R} \times \mathbb{R}$ und $x' \in \mathbb{R}$ ergibt sich:

$$\begin{pmatrix} x'' \\ y'' \end{pmatrix} = \begin{pmatrix} x' \\ -2 \cdot 0{,}75^{x'+2} + 6 \end{pmatrix} \oplus \begin{pmatrix} -2 \\ 1 \end{pmatrix}$$
$$= \underline{\begin{pmatrix} x' - 2 \\ -2 \cdot 0{,}75^{x'+2} + 7 \end{pmatrix}}$$

Dies führt wiederum zu dem Gleichungssystem:

$$x'' = x' - 2$$
$$\wedge \quad y'' = -2 \cdot 0{,}75^{x'+2} + 7$$

Umformen der ersten Gleichung ergibt $x' = x'' + 2$. In die zweite Gleichung eingesetzt erhält man:

$$y'' = -2 \cdot 0{,}75^{x''+2+2} + 7$$
$$= \underline{-2 \cdot 0{,}75^{x''+4} + 7}$$

Somit lautet die Gleichung der Funktion $f_2 : y = -2 \cdot 0{,}75^{x+4} + 7$, $\mathbb{G} = \mathbb{R} \times \mathbb{R}$.

Einzeichnen des Graphen zu f_2: siehe Koordinatensystem von Aufgabe B 1.1.

A 1.3   Es gilt $A_1(-5 \mid -0{,}63)$, $B_1(-5 \mid 4{,}33)$, $A_2(1 \mid -2{,}58)$ und $B_2(1 \mid 6{,}53)$.

Einzeichnen der Drachenvierecke $A_1B_1C_1D_1$ und $A_2B_2C_2D_2$: siehe Koordinatensystem zu Aufgabe B 1.1.

A 1.4   Da die Punkte A_n und C_n senkrecht übereinander stehen (gleiche Abszisse x), genügt es, die Differenz der y-Koordinaten von C_n und A_n zu bilden. Für $x > -6{,}61$ gilt also:

$$\overline{A_nC_n}(x) = [-2 \cdot 0{,}75^{x+4} + 7 - (0{,}75^{x+2} - 3)][\text{LE}]$$
$$= [-2 \cdot 0{,}75^{x+2+2} + 7 - 0{,}75^{x+2} + 3]$$
$$= [-2 \cdot 0{,}75^2 \cdot 0{,}75^{x+2} - 0{,}75^{x+2} + 10]$$
$$= [-1{,}125 \cdot 0{,}75^{x+2} - 0{,}75^{x+2} + 10]$$
$$= [-2{,}125 \cdot 0{,}75^{x+2} + 10][\text{LE}]$$

Somit beträgt die Länge der Strecken $[A_nC_n]$:

$$\overline{A_nC_n} = \left(-2{,}125 \cdot 0{,}75^{x+2} + 10\right) [\text{LE}]$$

A 1.5 Bei einer Raute sind alle vier Seiten gleich lang. Da die Punkte A_n und C_n senkrecht übereinander stehen, reicht es zu wissen, dass der Abstand $\overline{A_3C_3}$ doppelt so groß sein muss, wie der Abstand der vertikalen Komponenten von A_3 und B_3. Dieser vertikale Abstand von A_3 und B_3 ist dem Vektor $\overrightarrow{A_nB_n} = \binom{3}{2}$ zu entnehmen und beträgt genau 2. Es muss also $\overline{A_3C_3} = 2 \cdot 2 = 4\,\text{LE}$ gelten. Für $\mathbb{G} = \mathbb{R}$ und $x > -6{,}61$ muss also die folgende Gleichung nach x umgeformt werden:

$$-2{,}125 \cdot 0{,}75^{x+2} + 10 = 4 \qquad\qquad |-10$$
$$\Longleftrightarrow \qquad -2{,}125 \cdot 0{,}75^{x+2} = -6 \qquad\qquad |:(-2{,}125)$$
$$\Longleftrightarrow \qquad 0{,}75^{x+2} = 2{,}82$$
$$\Longleftrightarrow \qquad x + 2 = \log_{0{,}75} 2{,}82 \qquad\qquad |-2$$
$$\Longleftrightarrow \qquad x = \log_{0{,}75} 2{,}82 - 2$$
$$\Longleftrightarrow \qquad \underline{x = -5{,}61} \qquad\qquad \mathbb{L} = \{-5{,}61\}$$

Um die Koordinaten des Punktes B_3 zu erhalten, wird die folgende Vektorkette betrachtet:

$$\overrightarrow{OB_3} = \overrightarrow{OA_3} \oplus \overrightarrow{A_3B_3}$$
$$= \binom{-5{,}61}{0{,}75^{-5{,}61+2} - 3} \oplus \binom{3}{2}$$
$$= \binom{-5{,}61}{-0{,}17} \oplus \binom{3}{2}$$
$$= \underline{\binom{-2{,}61}{1{,}83}}$$

Der Punkt B_3 hat also die Koordinaten $\underline{B_3\,(-2{,}61\,|\,1{,}83)}$.

A 1.6 Für den Flächeninhalt gilt allgemein $A = \frac{1}{2} \cdot e \cdot f$, wobei e und f die beiden Diagonalen $\overline{B_nD_n}$ und $\overline{A_nC_n}$ sind. Die Länge $\overline{B_nD_n}$ ist das Doppelte des horizontalen Anteils des Vektors $\overrightarrow{A_nB_n} = \binom{3}{2}$, also $\overline{B_nD_n} = 2 \cdot 3 = 6$. Somit ergibt sich für $x \in \mathbb{R}$ und $x > -6{,}61$:

$$A(x) = \frac{1}{2} \cdot 6 \cdot (-2{,}125 \cdot 0{,}75^{x+2} + 10)$$
$$= \underline{(-6{,}375 \cdot 0{,}75^{x+2} + 30)}\ [\text{FE}]$$

Da der Termwert von $-6{,}375 \cdot 0{,}75^{x+2}$ für alle Belegungen von x negativ ist, gilt für den Flächeninhalt aller Drachenvierecke $A_nB_nC_nD_n : \underline{A < 30\,[\text{FE}]}$.

A6 Original-Prüfung 2018 Teil A-A1 (adaptiert)

A 1.0 Es werden zwei Versuche zur Abkühlung von heißem Wasser durchgeführt. Der Temperaturverlauf während dieser Versuche lässt sich jeweils näherungsweise durch eine Exponentialfunktion der Form $y = (y_A - y_U) \cdot 0{,}9^x + y_U$

$(\mathbb{G} = \mathbb{R}^+ \times \mathbb{R}^+, y_A \in \mathbb{R}^+, y_U \in \mathbb{R}^+)$ beschreiben.

Dabei ist nach x Minuten die Temperatur des Wassers auf y °C gesunken. Die Anfangstemperatur des Wassers beträgt y_A °C und die Umgebungstemperatur y_U °C. Runden Sie im Folgenden auf eine Stelle nach dem Komma.

A 1.1 Im ersten Versuch kühlt 95 °C heißes Wasser in einem Raum mit einer Umgebungstemperatur von 20 °C ab.
Berechnen Sie, nach welcher Zeit die Wassertemperatur auf 60 °C gesunken ist. 　2 P

A 1.2 Im zweiten Versuch kühlt 72 °C heißes Wasser in einem ersten Raum mit einer Umgebungstemperatur von 18 °C für 3 Minuten ab. Anschließend wird der Abkühlvorgang in einem zweiten Raum für weitere 8 Minuten fortgesetzt, bis das Wasser eine Temperatur von 39 °C besitzt.
Berechnen Sie die Umgebungstemperatur im zweiten Raum. 　3 P

A6 Lösung Original-Prüfung 2018 Teil A-A1 (adaptiert)

A 1.1 In die gegebene Funktionsvorschrift $y = (y_A - y_U) \cdot 0{,}9^x + y_U$ werden die Werte $y_A = 95$ und $y_U = 20$ eingesetzt. Dann kann ermittelt werden, nach welcher Zeit die Temperatur auf $60°$ gesunken ist:

$$60 = (95 - 20) \cdot 0{,}9^x + 20 \qquad | - 20$$
$$\Longleftrightarrow \quad 40 = 75 \cdot 0{,}9^x \qquad | : 75$$
$$\Longleftrightarrow \quad \frac{8}{15} = 0{,}9^x \qquad | \log_{0{,}9}$$
$$\Longleftrightarrow \quad x = \log_{0{,}9} \frac{8}{15}$$
$$\Longleftrightarrow \quad \underline{x \approx 6{,}0}$$

Es ergibt sich $\mathbb{L} = \{6{,}0\}$. Die Wassertemperatur ist also nach etwa 6 Minuten auf $60°$ gesunken.

A 1.2 Es ist nun $y_A = 72$, $y_U = 18$ und $x = 3$:

$$y = (72 - 18) \cdot 0{,}9^3 + 18 \approx 57{,}4$$

Es wird nun $y_A = 57{,}4$ und $x = 8$ eingesetzt. Damit wird die Umgebungstermperatur rechnerisch bestimmt:

$$(57{,}4 - y_U) \cdot 0{,}9^8 + y_U = 39$$
$$\Longleftrightarrow \quad 57{,}4 \cdot 0{,}9^8 + y_U \cdot (1 - 0{,}9^8) = 39 \qquad | - 57{,}4 \cdot 0{,}9^8$$
$$\Longleftrightarrow \quad y_U \cdot (1 - 0{,}9^8) = 39 - 57{,}4 \cdot 0{,}9^8 \qquad | : (1 - 0{,}9^8)$$
$$\Longleftrightarrow \quad y_U = \frac{39 - 57{,}4 \cdot 0{,}9^8}{1 - 0{,}9^8}$$
$$\Longleftrightarrow \quad \underline{y_U \approx 25{,}1}$$

Somit ergibt sich $\mathbb{L} = \{25{,}1\}$. Die Umgebungstemperatur im zweiten Raum beträgt also $25{,}1°$.

A7 Original-Prüfung 2019 Teil A-A3 (adaptiert)

A 1.0 Vitamin D kann im menschlichen Körper produziert werden, wenn Sonnenstrahlung unter bestimmten Bedingungen auf die Haut trifft. im Winterhalbjahr nimmt daher die Konzentration von Vitamin D im Körper normalerweise ab.

Bei Andreas wurde Ende September eine Anfangskonzentration von 55 Nanogramm Vitamin D pro Milliliter Blut $\left(55 \, \frac{ng}{ml}\right)$ gemessen. Der Zusammenhang zwischen der Anzahl x der Wochen und der verbleibenden Konzentration $y \, \frac{ng}{ml}$ an Vitamin D lässt sich bei Andreas näherungsweise durch die Funktion f_1 mit der Gleichung $y = 55 \cdot 0{,}93^x$ $(\mathbb{G} = \mathbb{R}^+ \times \mathbb{R}^+)$ beschreiben.

A 1.1 Um wie viel Prozent reduziert sich folglich bei Andreas die Konzentration an Vitamin D in einer Woche? Ergänzen Sie.   1 P

Die Konzentration reduziert sich in einer Woche um ⎡   %. ⎤

A 1.2 Berechnen Sie mithilfe der Funktion f_1 die Konzentration an Vitamin D bei Andreas nach 21 Tagen.   1 P

Runden Sie auf zwei Nachkommastellen.

A 1.3 Berechnen Sie, in welcher Woche sich die Anfangskonzentration an Vitamin D bei Andreas entsprechend der Funktion f_1 halbiert.   2 P

A 1.4 Bei Stephan wurde gleichzeitig mit Andreas eine Messung begonnen. Bei Stephan lässt sich der Zusammenhang zwischen der Anzahl x der Wochen und der verbleibenden Konzentration $y \, \frac{ng}{ml}$ an Vitamin D annähernd durch die Funktion f_2 mit der Gleichung $y = 51 \cdot 0{,}91^x$ $(\mathbb{G} = \mathbb{R}_0^+ \times \mathbb{R}_0^+)$ beschreiben.   1 P

Ist es unter diesen Voraussetzungen möglich, dass die Konzentration an Vitamin D zu einem Zeitpunkt bei Stephan und Andreas den gleichen Wert erreichen?

Begründen Sie Ihre Entscheidung ohne Rechnung.

A7 Lösung — Original-Prüfung 2019 Teil A-A1 (adaptiert)

A 1.1   Im Funktionsterm steht die 55 für die Anfangskonzentration an Nanogramm Vitamin D pro Milliliter Blut. Da x die Anzahl der Wochen angibt, sagt der Term $0,93^x$ aus, dass der Wert jede Woche auf das 0,93-fache absinkt. Das bedeutet, dass sich die Konzentration in einer Woche um $100\% - 93\% = \underline{7\%}$ reduziert.

A 1.2   Eine Zeit von 21 Tagen entspricht $21 : 7 = 3$ Wochen. Es wird der Funktionswert für $x = 3$ berechnet:

$$y = 55 \cdot 0,93^3 \approx 44,24$$

Die Konzentration an Vitamin D bei Andreas liegt nach 21 Tagen noch bei $\underline{44,24\,\frac{ng}{ml}}$

A 1.3   Um zu ermitteln in welcher Woche sich die Anfangskonzentration halbiert hat, setzt man den Funktionsterm gleich $0,5 \cdot 55$, was der halben Anfangskonzentration entspricht und ermittelt den Wert $x \in \mathbb{R}^+$, der die Gleichung erfüllt:

$$
\begin{aligned}
55 \cdot 0,93^x &= 0,5 \cdot 55 && \mid : 55 \\
\Longleftrightarrow \quad 0,93^x &= 0,5 && \mid \log(\;) \\
\Longleftrightarrow \quad x &= \log_{0,93} 0,5 && \\
\Longleftrightarrow \quad x &\approx 9,6 && \mathbb{L} = \{9,6\}
\end{aligned}
$$

Demnach halbiert sich die Konzentration an Vitamin D in der 10. Woche.

A 1.4   Gemäß der Betrachtung von Aufgabe 3.1 kann man aus f_2 ablesen, dass die Konzentration von Stephan wöchentlich um $100\% - 91\% = 9\%$ abnimmt. Die Abnahme ist damit stärker als die von Andreas. Zudem ist bei Stephan mit 51 auch der Startwert geringer.

Da der Startwert kleiner und außerdem die Abnahme größer ist, ist der Wert bei Stephan stets kleiner und beide Konzentrationen können niemals den gleichen Wert erreichen.

A8 **Original-Prüfung 2021 Teil A-A1 (adaptiert)**

A 1.0 Informationen über die Leistungsfähigkeit eines Sportlers kann man mithilfe von soge-nannten Laktat-Tests ermitteln, da die Laktat-Konzentration im Blut mit steigender Laufgeschwindigkeit zunimmt.

Bei einem solchen Test wird die Laktat-Konzentration $y \frac{mmol}{l}$ (Millimol pro Liter Blut) in Abhängigkeit von der Geschwindigkeit $x \frac{km}{h}$ erfasst.

Für Paul lässt sich dieser Zusammenhang bei einem Test näherungsweise durch die Funktion f mit der Gleichung $y = 0{,}01 \cdot 1{,}5^x + 0{,}85$ ($\mathbb{G} = \mathbb{R}_0^+ \times \mathbb{R}_0^+$) beschreiben. Runden Sie im Folgenden auf zwei Stellen nach dem Komma.

A 1.1 Bei Paul wurde für die Geschwindigkeiten von $10 \frac{km}{h}$ und $12 \frac{km}{h}$ jeweils eine Messung der Laktat-Konzentration durchgeführt.   3 P

Berechnen Sie mithilfe der Funktion f die zugehörigen Funktionswerte für diese beiden Geschwindigkeiten und ermitteln Sie sodann, um wie viel Prozent sich die Laktat-Konzentration zwischen diesen beiden Messungen erhöht hat.

A 1.2 Berechnen Sie die nach y aufgelöste Gleichung der Umkehrfunktion zu f.   2 P

A8 Lösung — Original-Prüfung 2021 Teil A-A1 (adaptiert)

A 1.1   Die zugehörigen Funktionswerte erhält man durch Einsetzen der Geschwindigkeiten:

$$f(10) = 0{,}01 \cdot 1{,}5^{10} + 0{,}85 \approx \underline{1{,}43}$$

$$f(12) = 0{,}01 \cdot 1{,}5^{12} + 0{,}85 \approx \underline{2{,}15}$$

Die Laktat-Konzentration hat zwischen den zwei Geschwindigkeiten um $2{,}15\,\frac{mmol}{l} - 1{,}43\,\frac{mmol}{l} = 0{,}72\,\frac{mmol}{l}$ zugenommen. Dies entspricht einer prozentualen Zunahme von

$$\frac{0{,}72\,\frac{mmol}{l}}{1{,}43\,\frac{mmol}{l}} \approx 0{,}5035 \mathrel{\hat=} \underline{50{,}35\,\%}$$

Zwischen den beiden Messungen hat sich die Laktatkonzentration um $50{,}35\,\%$ erhöht.

A 1.2   In der Funktionsgleichung werden y und x vertauscht und dann wieder nach y umgeformt.

$$
\begin{aligned}
& x = 0{,}01 \cdot 1{,}5^y + 0{,}85 && |-0{,}85 \\
\Longleftrightarrow\quad & x - 0{,}85 = 0{,}01 \cdot 1{,}5^y && |\cdot 100 \\
\Longleftrightarrow\quad & 100x - 85 = 1{,}5^y && |\log_{1{,}5}(\ ) \\
\Longleftrightarrow\quad & y = \log_{1{,}5}(100x - 85)
\end{aligned}
$$

Die Gleichung der Umkehrfunktion lautet $\underline{\underline{y = \log_{1{,}5}(100x - 85)}}$.

A9 Original-Prüfung 2022 Teil A-A1 (adaptiert)

A 1.0 Mia lernt in der Schule den Begriff „Inflation" kennen. Damit wird der Preisanstieg von Produkten über einen bestimmten Zeitraum hinweg bezeichnet. Dieser Zusammenhang lässt sich unter der Annahme einer gleichbleibenden jährlichen Preissteigerung von

p% näherungsweise durch eine Funktion f mit einer Gleichung der Form

$$y = a \cdot \left(1 + \frac{p}{100}\right)^x \quad (G = \mathbb{R}^+ \times \mathbb{R}^+; a,p \in \mathbb{R}^+)$$ beschreiben. Dabei steht a € für den Anfangspreis eines Produkts und y € für dessen Preis nach x Jahren.

Mia kauft ihrer Mutter jährlich am 1. Juni Rosen beim örtlichen Blumenladen.

A 1.1 Am 1. Juni 2020 kostete eine Rose noch 2,20 €. Am 1. Juni 2022 lag der Preis pro Rose bei 2,50 €.   3 P

Berechnen Sie den voraussichtlichen Preis einer Rose am 1. Juni 2027 unter der Voraussetzung, dass die jährliche Preissteigerung von p% gleich bleibt.

Runden Sie auf zwei Stellen nach dem Komma.

[Zwischenergebnis: p = 6,60]

A 1.2 Berechnen Sie, in welchem Jahr Mia erstmals mehr als doppelt so viel für eine Rose bezahlen müsste wie am 1. Juni 2020, wenn man von einer jährlichen Preissteigerung von 6,60 % ausgeht.   2 P

A9 Lösung — Original-Prüfung 2022 Teil A-A1 (adaptiert)

A 1.1 Für die Rose ist der ursprüngliche Preis $a = 2{,}20\,€$. Der Preis nach $x = 2$ Jahren beträgt $y = 2{,}50\,€$. Setzt man diese Werte in die Gleichung ein, kann der Wert für p berechnet werden:

$$y = a \cdot \left(1 + \frac{p}{100}\right)^x$$

$$\Rightarrow \quad 2{,}50 = 2{,}20 \cdot \left(1 + \frac{p}{100}\right)^2 \qquad |:2{,}20$$

$$\Longleftrightarrow \quad \frac{2{,}50}{2{,}20} = \left(1 + \frac{p}{100}\right)^2 \qquad |\sqrt{}$$

$$\Longleftrightarrow \quad \sqrt{\frac{2{,}50}{2{,}20}} = 1 + \frac{p}{100} \qquad |-1$$

$$\Longleftrightarrow \quad \sqrt{\frac{2{,}50}{2{,}20}} - 1 = \frac{p}{100} \qquad |\cdot 100$$

$$\Longleftrightarrow \quad 100 \cdot \left(\sqrt{\frac{2{,}50}{2{,}20}} - 1\right) = p$$

$$\Longleftrightarrow \quad p \approx 6{,}60$$

Die jährliche Preissteigerung beträgt $6{,}60\,\%$. Setzt man diesen Wert für p ein, kann ausgehen von $2{,}20\,€$ im Jahr 2020 der Preis im Jahr 2027, also noch $x = 7$ Jahren berechnet werden:

$$y = 2{,}20 \cdot \left(1 + \frac{6{,}60}{100}\right)^7 \approx 3{,}44$$

Unter der Annahme einer gleichbleibenden jährlichen Preissteigerung von $6{,}60\,\%$ würde der Preis im Jahr 2027 $\underline{3{,}44\,€}$ betragen.

A 1.2 Gesucht ist der Wert von x in Jahren, wenn $y = 2 \cdot 2{,}20\,€ = 4{,}40\,€$, $a = 2{,}20\,€$ und $p = 6{,}60\,\%$ ist:

$$4{,}40 = 2{,}20 \cdot \left(1 + \frac{6{,}60}{100}\right)^x \qquad |:2{,}20$$

$$\Longleftrightarrow \quad 2 = (1 + 0{,}066)^x$$

$$\Longleftrightarrow \quad 2 = (1{,}066)^x \qquad |\log_{1{,}066}(\ )$$

$$\Longleftrightarrow \quad x = \log_{1{,}066}(2)$$

$$\Longleftrightarrow \quad x \approx 10{,}85$$

Da es sich um eine ganze Zahl an Jahren handelt, müsste Mia nach 11 Jahren, also im Jahr $\underline{2031}$ das erste mal mehr als doppelt so viel für eine Rose bezahlen wie 2020.

Übungsteil - Daten und Zufall

LASS DICH
VON UNS
Pfingsten 2024
IN MATHE, BWR
oder Deutsch/Englisch COACHEN

A 1   In einem Behälter befinden sich Kugeln in den Farben grau (g), weiß (w) und   4 P
schwarz (s). Bei einem Zufallsexperiment wird zweimal nacheinander jeweils eine
Kugel gezogen.

Das folgende Baumdiagramm stellt die möglichen Ergebnisse dieses Zufallsexperimentes dar.

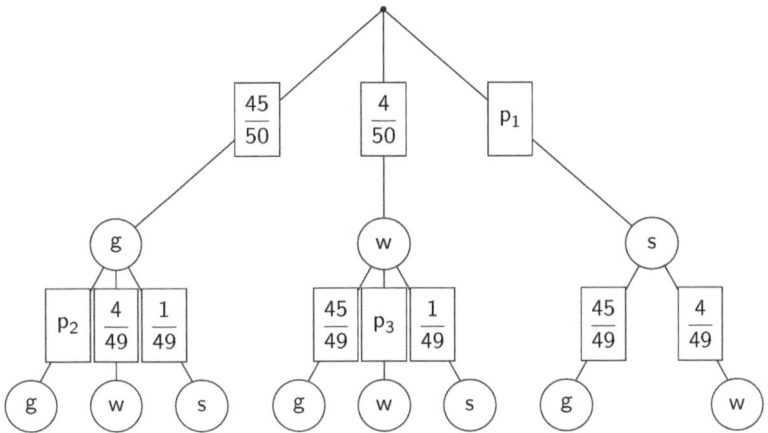

a) Begründen Sie anhand des Baumdiagramms, dass es sich um ein Zufallsexperiment ohne Zurücklegen handelt.

b) Markieren Sie die Nummer des Behälters (siehe Abbildung unten), die zum dargestellten Baumdiagramm passt.

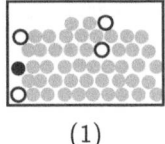   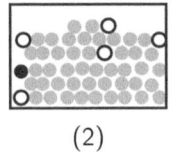   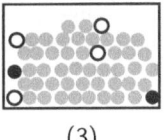

(1)   (2)   (3)

c) Geben Sie die im Baumdiagramm fehlenden Wahrscheinlichkeiten p_2 und p_3 in Bruchschreibweise an.

d) Berechnen Sie, wie hoch die Wahrscheinlichkeit ist, dass es sich bei den beiden gezogenen Kugeln um eine graue sowie um eine weiße handelt.

A1 Lösung Original-Prüfung 2018 Mittelschule Bayern M10 AII-A7 (adaptiert)

A 1

a) In der ersten Ebene des Baumdiagramms gibt es 50 Kugeln, in der zweiten Ebene nur noch 49 Kugeln. Es wurde also eine Kugel gezogen und nicht zurückgelegt. Ablesbar ist dies an den Nennern der Wahrscheinlichkeiten.

b) In den Behältern müssen entsprechend viele Kugeln der einzelnen Farben enthalten sein wie es die Wahrscheinlichkeiten im Baumdiagramm angeben (ablesbar an den Zählern der Brüche). Am besten sieht man dies an der ersten Ebene des Baumdiagramms.

Die Wahrscheinlichkeit eine graue Kugel zu ziehen ist $p_g = \frac{45}{50}$ $\Rightarrow$ 45 graue Kugeln

Die Wahrscheinlichkeit eine weiße Kugel zu ziehen ist $p_w = \frac{4}{50}$ $\Rightarrow$ 4 weiße Kugeln

Die Wahrscheinlichkeit eine schwarze Kugel zu ziehen ist $p_s = 1 - \frac{45}{50} - \frac{4}{50} = \frac{1}{50}$ $\Rightarrow$ 1 schwarze Kugel

Nun muss man nur noch die Kugeln in den Behältern zählen. Der richtige Behälter ist damit **Behälter (1)**.

c) Für p_2: Es gibt zu Beginn 45 graue Kugeln. Im ersten Schritt wurde hier aber bereits eine graue Kugel gezogen. Es verbleiben nach dem ersten Ziehen somit noch 44 graue Kugeln, insgesamt sind es noch 49. Damit gilt:

$$p_2 = \frac{44}{49}$$

Für p_3: Analog kann man hier überlegen, dass beim ersten Ziehen bereits eine weiße Kugel gezogen wurde. Damit verbleiben noch drei weiße Kugeln, insgesamt sind es noch 49. Für die Wahrscheinlichkeit erneut eine weiße zu ziehen gilt also:

$$p_3 = \frac{3}{49}$$

d) Die Wahrscheinlichkeit eine graue und eine weiße zu ziehen, entspricht den Kombinationen weiß-grau und grau-weiß. Nach den Pfadregeln ergibt sich die Wahrscheinlichkeit:

$$p = \underbrace{\frac{45}{50} \cdot \frac{4}{49}}_{\text{grau-weiß}} + \underbrace{\frac{4}{50} \cdot \frac{45}{49}}_{\text{weiß-grau}} = \frac{36}{245} \approx 0{,}147 = 14{,}7\,\%$$

A2 Original-Prüfung Mittelschule Bayern M10 AI-A10 (adaptiert)

A 1   Aus einem Korb mit 8 gekochten und 2 rohen Eiern werden nacheinander 3 Eier   3 P
      entnommen und nicht wieder zurückgelegt.

  a) Zeichnen Sie für diesen Ablauf ein Baumdiagramm und beschriften Sie dieses
      mit den jeweiligen Wahrscheinlichkeiten.

  b) Berechnen Sie die Wahrscheinlichkeit, dass bei diesem Ablauf genau ein rohes
      Ei entnommen wird.

A2 Lösung Original-Prüfung 2019 Mittelschule Bayern M10 AI-A10 (adaptiert)

A 1   a) Die Eier werden gezogen und nicht wieder zurückgelegt. Entsprechend ergeben sich die Wahrscheinlichkeiten entlang der Pfade immer aus der Zahl der
verbleibenden gekochten (g)/rohen (r) Eier und der verbleibenden Gesamtzahl.

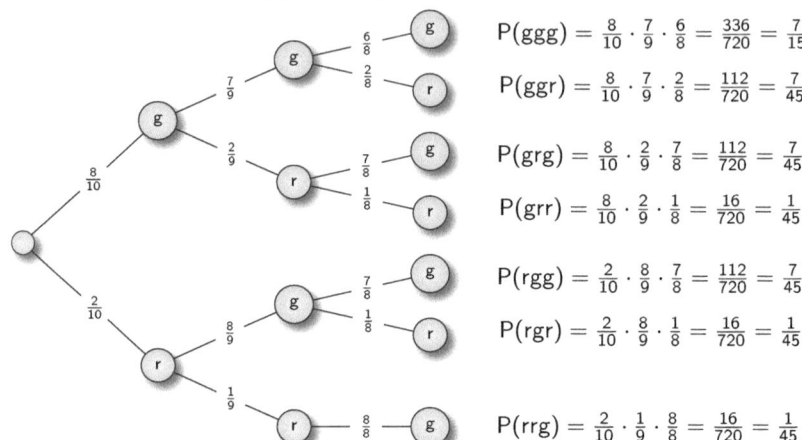

$$P(ggg) = \tfrac{8}{10} \cdot \tfrac{7}{9} \cdot \tfrac{6}{8} = \tfrac{336}{720} = \tfrac{7}{15}$$

$$P(ggr) = \tfrac{8}{10} \cdot \tfrac{7}{9} \cdot \tfrac{2}{8} = \tfrac{112}{720} = \tfrac{7}{45}$$

$$P(grg) = \tfrac{8}{10} \cdot \tfrac{2}{9} \cdot \tfrac{7}{8} = \tfrac{112}{720} = \tfrac{7}{45}$$

$$P(grr) = \tfrac{8}{10} \cdot \tfrac{2}{9} \cdot \tfrac{1}{8} = \tfrac{16}{720} = \tfrac{1}{45}$$

$$P(rgg) = \tfrac{2}{10} \cdot \tfrac{8}{9} \cdot \tfrac{7}{8} = \tfrac{112}{720} = \tfrac{7}{45}$$

$$P(rgr) = \tfrac{2}{10} \cdot \tfrac{8}{9} \cdot \tfrac{1}{8} = \tfrac{16}{720} = \tfrac{1}{45}$$

$$P(rrg) = \tfrac{2}{10} \cdot \tfrac{1}{9} \cdot \tfrac{8}{8} = \tfrac{16}{720} = \tfrac{1}{45}$$

b) Die Ereignisse, die genau ein rohes Ei beinhalten sind „ggr", „grg" und „rgg". Die
Wahrscheinlichkeiten dieser Ereignisse können dem Baumdiagramm entnommen
werden und werden dann addiert:

$$P(ggr) + P(grg) + P(rgg) = \frac{7}{45} + \frac{7}{45} + \frac{7}{45} = \frac{21}{45} = \frac{7}{15} \approx \underline{0{,}467}$$

A3 Original-Prüfung 2020 Mittelschule Bayern M10 AI-A10 (adaptiert)

A 1   In einem Behälter befinden sich genau vier Kugeln.   4 P

Sie sind mit den Ziffern 1, 2, 3, 4 durchnummeriert.

a) Mit den vier Kugeln kann man unterschiedliche Zahlen legen. Ermitteln Sie rechnerisch die Anzahl aller Kombinationsmöglichkeiten für eine vierstellige Zahl.

b) Es werden nacheinander zwei Kugeln gezogen und nicht mehr zurückgelegt. Aus beiden gezogenen Ziffern wird ein Bruch gebildet. Die zuerst gezogene Ziffer bildet den Zähler, die zweite den Nenner des Bruches.

Geben Sie die Ergebnismenge mit allen bei diesem Vorgang möglichen Brüchen an und bestimmen Sie die Wahrscheinlichkeit, dass der gebildete Bruch den Wert 0,5 hat.

c) Die Abbildung zeigt einen Ausschnitt aus einem Baumdiagramm zu einem weiteren Zufallsexperiment. Begründen Sie, dass das Experiment mit Zurücklegen der Kugeln durchgeführt wurde.

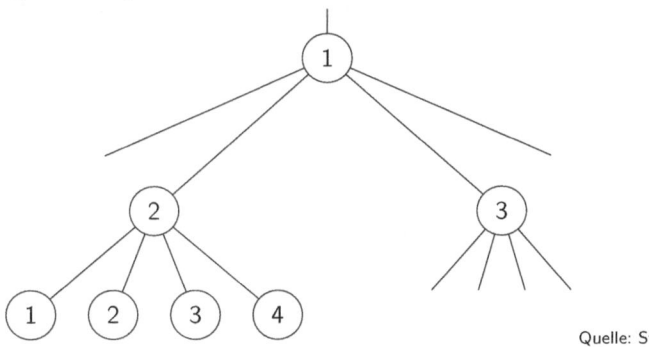

Quelle: StMUK

A3 Lösung
Original-Prüfung 2020 Mittelschule Bayern M10 AI-A10 (adaptiert)

A 1

a) Für die erste Stelle der vierstelligen Zahl bleiben vier Möglichkeiten, dann für die zweite Stelle jeweils drei, für die dritte Stelle jeweils zwei und für die letzte Stelle nur noch eine Kugel. Es sind also

$$4! = 4 \cdot 3 \cdot 2 \cdot 1 = 24$$

Möglichkeiten.

b) Als Ergebnismenge ergeben sich alle Möglichkeiten von Brüchen, bei denen im Zähler und Nenner die Zahlen 1 bis 4 stehen, jedoch im Zähler und im Nenner nie die gleiche Zahl (da ohne Zurücklegen gezogen wird):

$$\Omega = \left\{ \frac{1}{2}, \frac{1}{3}, \frac{1}{4}, \frac{2}{1}, \frac{2}{3}, \frac{2}{4}, \frac{3}{1}, \frac{3}{2}, \frac{3}{4}, \frac{4}{1}, \frac{4}{2}, \frac{4}{3} \right\}$$

Aus der Ergebnismenge weisen die Brüche $\frac{1}{2}$ und $\frac{2}{4}$ den Wert 0,5 auf. Zwei der zwölf möglichen Ergebnisse entsprechen also dem Kriterium. Für die Wahrscheinlichkeit gilt demnach:

$$p(\text{„0,5“}) = \frac{2}{12} = \frac{1}{6}$$

c) Das es sich um ein Experiment mit Zurücklegen handelt, kann beispielsweise damit erklärt werden, dass...

... in einem Pfad mehrmals die Zahl „1" vorkommt.

... von jeder Ziffer immer vier Pfade ausgehen.

A4 Original-Prüfung 2021 Mittelschule Bayern M10 AI-A10 (adaptiert)

A 1   In einem Behälter befinden sich sechs Kugeln, von denen eine Kugel schwarz, drei   4 P
       grün und zwei rot sind.

       Zwei Mal nacheinander wird eine Kugel zufällig gezogen und nicht zurückgelegt.

       a) Zeichnen Sie ein Baumdiagramm mit den möglichen Ergebnissen und beschriften
          Sie die Äste mit den entsprechenden Wahrscheinlichkeiten.

       b) Die zweite gezogene Kugel soll schwarz sein.

          Bestimmen Sie für dieses Ereignis die Wahrscheinlichkeit in Prozent.

       c) Die höchstmögliche Wahrscheinlichkeit für eine bestimmte Farbkombination,
          ohne Beachtung der Reihenfolge, beträgt beim im Vortext beschriebenen Zu-
          fallsexperiment 40 Prozent.

          Geben Sie an, für welche Farbkombination dies zutrifft, und begründen Sie Ihre
          Entscheidung mit Hilfe einer Rechnung.

A4 Lösung — Original-Prüfung 2021 Mittelschule Bayern M10 AI-A10 (adaptiert)

A 1   a) Für die Erstellung des Baumdiagramms ist zu beachten, dass beim ersten Ziehen immer 6 Kugeln und beim zweiten Ziehen (da ohne Zurücklegen) insgesamt noch 5 Kugeln vorhanden sind. Die Wahrscheinlichkeiten der einzelnen Pfade ergibt sich daher immer aus dem Verhältnis der Anzahlen der Kugeln pro Farbe (s: schwarz, g: grün, r: rot) zur Anzahl der gesamt verfügbaren Kugeln:

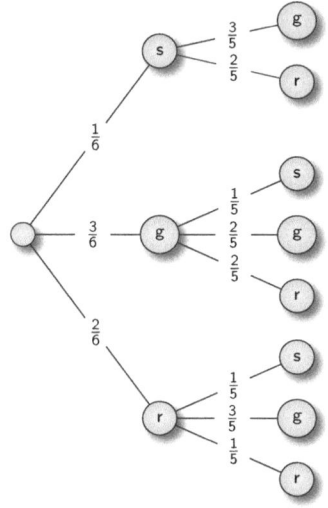

b) Hier kann nun mit dem Baumdiagramm aus Teilaufgabe a) gearbeitet werden. Das die zweite Kugel schwarz ist wird von den Kombinationen g-s und r-s erfüllt. Mithilfe der Pfadregeln gilt daher für die gesuchte Wahrscheinlichkeit:

$$p = \frac{3}{6} \cdot \frac{1}{5} + \frac{2}{6} \cdot \frac{1}{5} = \frac{3}{30} + \frac{2}{30} = \frac{5}{30} = \underline{\frac{1}{6}} \approx 16{,}7\,\%$$

c) Die höchste Wahrscheinlichkeit kann durch die Farbkugeln erreicht werden, deren Farben am häufigsten vorkommen. Daher ist grün und rot die gesuchte Farbkombination. Zur Wahrscheinlichkeit dieses Ereignisses tragen die Kombinationen g-r und r-g bei. Wieder kann die Wahrscheinlichkeit mithilfe der Pfadregeln im Baumdiagramm bestimmt werden:

$$p = \frac{3}{6} \cdot \frac{2}{5} + \frac{2}{6} \cdot \frac{3}{5} = \frac{6}{30} + \frac{6}{30} = \frac{12}{30} = \frac{2}{5} = \underline{40\,\%}$$

A5 Original-Prüfung 2022 Mittelschule Bayern M10 AI-A10 (adaptiert)

A 1 Ein Glücksrad ist in gleich große Sektoren unterteilt. 4 P
Auf jedem Feld befindet sich eines von drei Symbolen (siehe Skizze).

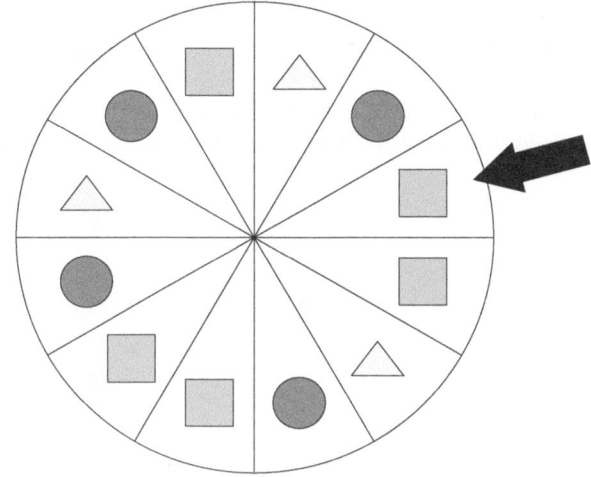

a) Das Glücksrad wird zweimal nacheinander gedreht.
Zeichnen Sie ein Baumdiagramm mit den möglichen Ergebnissen und beschriften
Sie die Äste mit den entsprechenden Wahrscheinlichkeiten.

b) Das Glücksrad wird dreimal nacheinander gedreht.
Berechnen Sie, mit welcher Wahrscheinlichkeit der Pfeil zuerst auf ein Dreieck,
dann auf ein Viereck und danach auf einen Kreis zeigt, und geben Sie diese in
Prozent an.

c) Das Glücksrad wird viermal nacheinander gedreht.
Berechnen Sie die Wahrscheinlichkeit in Prozent, dass nicht viermal hintereinander ein Kreis angezeigt wird.

A5 Lösung — Original-Prüfung 2022 Mittelschule Bayern M10 AI-A10 (adaptiert)

A 1   a) Zunächst wird die Anzahl der Sektoren und der jeweiligen Symbole gezählt. Es gibt insgesamt 12 Sektoren, davon sind 3 ▲, 4 • und 5 ■, sodass für deren Wahrscheinlichkeiten gilt:

$$P(\blacktriangle) = \frac{3}{12} \qquad P(\bullet) = \frac{4}{12} \qquad P(\blacksquare) = \frac{5}{12}$$

Da sich nach dem ersten Drehen die Häufigkeiten bzw. Wahrscheinlichkeiten nicht ändern, sind die Wahrscheinlichkeiten in den zwei Stufen des Baumdiagramms gleich:

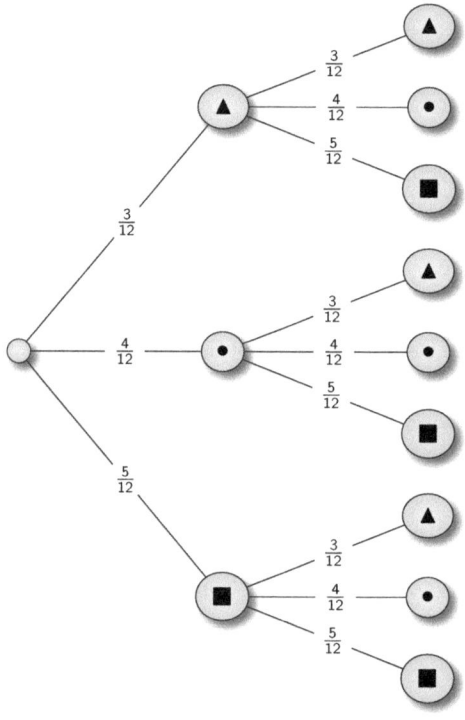

b) Die gesuchte Wahrscheinlichkeit ergibt sich aus dem Produkt der einzelnen Wahrscheinlichkeiten:

$$p = P(\blacktriangle) \cdot P(\blacksquare) \cdot P(\bullet) = \frac{3}{12} \cdot \frac{5}{12} \cdot \frac{4}{12} = \frac{60}{1728} \approx 0{,}035$$

Die Wahrscheinlichkeit beträgt etwa <u>3,5 %</u>.

c) Die gesuchte Wahrscheinlichkeit wird über die des Gegenereignisses gerechnet, das heißt die Wahrscheinlichkeit, dass nicht viermal hintereinander ein Kreis angezeigt wird, entspricht 100 % abzüglich der Wahrscheinlichkeit, dass viermal hintereinander ein Kreis angezeigt wird, also:

$$p = 1 - P(\bullet)^4 = 1 - \left(\frac{4}{12}\right)^4 = \frac{80}{81} \approx 0{,}988$$

Die gesuchte Wahrscheinlichkeit beträgt etwa <u>98,8 %</u>.

A6 Original-Prüfung 2018 Wirtschaftsschule Bayern Teil A A4 (adaptiert)

A 1   Es wird verdeckt eine Karte gezogen.   1 P
       Geben Sie die Wahrscheinlichkeit an, dass ein „T" gezogen wird.

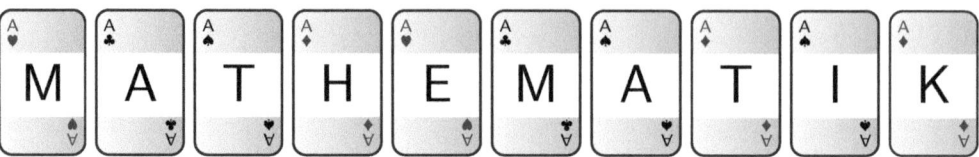

Wahrscheinlichkeit in Prozent
P(„T") =

A6 Lösung Original-Prüfung 2018 Wirtschaftsschule Bayern Teil A A4 (adaptiert)

A 1   Die Wahrscheinlichkeit, ein T zu ziehen, ist $\frac{2}{10}$, da es zwei T (die Farbe spielt keine   1 P
Rolle) und insgesamt zehn Karten gibt.

$$\frac{2}{10} = \underline{20\,\%}$$

A7   Original-Prüfung 2019 Wirtschaftsschule Bayern Teil A A6 (adaptiert)

A 1

Frank hat von seinem neuen Vermieter einen Schlüsselbund mit drei Schlüsseln erhalten. Nur einer von ihnen sperrt die neue Wohnung auf. Er probiert die Schlüssel in zufälliger Reihenfolge.

Tragen Sie die fehlenden Übergangswahrscheinlichkeiten in das Baumdiagramm ein.

Entscheiden Sie, wie groß die Wahrscheinlichkeit ist, dass erst der letzte Schlüssel passt.

2 P

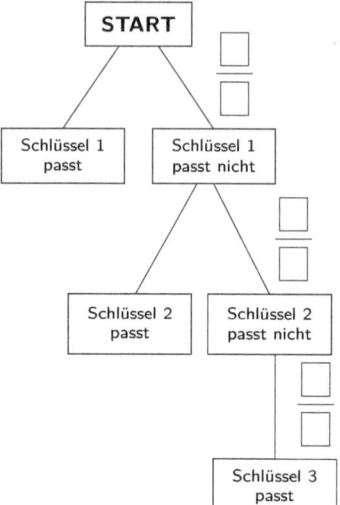

A	B	C	Lösung
$\dfrac{4}{9}$	$\dfrac{1}{3}$	$\dfrac{1}{4}$	

A7 Lösung

Original-Prüfung 2019 Wirtschaftsschule Bayern Teil A A6 (adaptiert)

A 1 Zunächst wird das Baumdiagramm mit allen Einzelwahrscheinlichkeiten ausgefüllt. **2 P**
Dabei wird jeweils überlegt, wie viele Möglichkeiten dem Ereignis entsprechen und
wie viele es insgesamt gibt. Am Anfang gibt es beispielsweise 3 Schlüssel, von denen 2
nicht passen. Die Wahrscheinlichkeit, dass der erste nicht passt, ist also $\frac{2}{3}$. Komplett
ausgefüllt gilt:

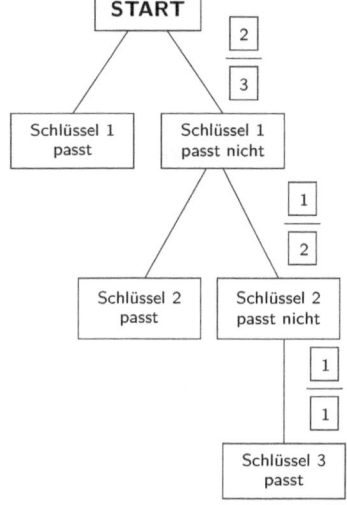

Die gesuchte Wahrscheinlichkeit erhält man dann durch Multiplikation der Einzelwahrscheinlichkeiten entlang des Pfades:

$$\frac{2}{3} \cdot \frac{1}{2} \cdot \frac{1}{1} = \frac{2 \cdot 1 \cdot 1}{3 \cdot 2 \cdot 1} = \frac{2}{6} = \frac{1}{3}$$

Somit ist Antwort <u>B</u> die richtige.

A8 Original-Prüfung 2021 Wirtschaftsschule Bayern Wahlblock 1 A1 (adaptiert)

A 1.0 Herr Böck sorgt sich um die Einbruchssicherheit seines Hauses während der Urlaubszeit. **2 P**
Er installiert eine Alarmanlage mit einem dreistelligen Code. Für jede Ziffer kann Herr
Böck eine Zahl von 0 bis 9 auswählen.
Folgendes Baumdiagramm zeigt die Codeeingabemöglichkeiten.

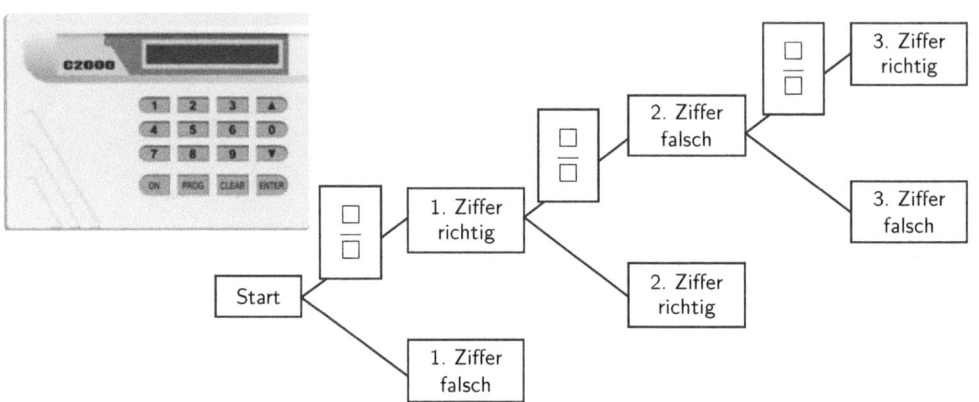

Ergänzen Sie das Baumdiagramm, und bestimmen Sie die Wahrscheinlichkeit, dass
ein Einbrecher den Code beim 1. Versuch knackt.

A	B	C	D	Lösung
$\dfrac{1}{10.000}$	$\dfrac{3}{1.000}$	$\dfrac{1}{10^3}$	$1\,\%$	

A8 Lösung — Original-Prüfung 2018 Wirtschaftsschule Bayern Teil A A4 (adaptiert)

A 1.1 Da es 10 verschiedene Zahlen sind und jeweils pro Ziffer eine richtig ist, müsste im 2 P
Baumdiagramm jeweils $\frac{1}{10}$ an den „richtigen" Zweigen stehen. Die Gesamtwahr-
scheinlichkeit ergibt sich dann aus dem Produkt der drei Einzelwahrscheinlichkeiten:

$$\frac{1}{10} \cdot \frac{1}{10} \cdot \frac{1}{10} = \frac{1}{10^3}$$

Die richtige Lösung ist $\underline{\underline{C}}$.

A9 Original-Prüfung 2022 Wirtschaftsschule Bayern Wahlblock 1 A1.2 (adaptiert)

A 1.0 In einem Behälter liegen zwölf Farbstifte. Bei vier Stiften ist die Mine eingetrocknet. Franz zieht nacheinander zwei Farbstifte und legt diese nicht mehr zurück. Tragen Sie im Baumdiagramm die fehlenden Übergangswahrscheinlichkeiten ein.

2 P

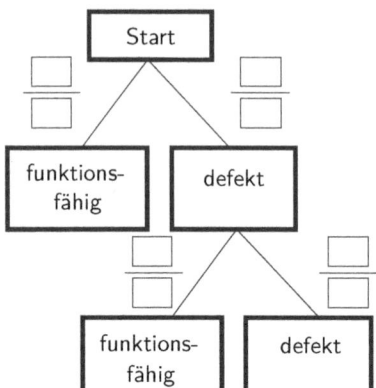

A9 Lösung
Original-Prüfung 2022 Wirtschaftssch. Bayern Wahlbl. 1 A1.2 (adaptiert)

A 1.1　Beim ersten Ziehen sind zwölf Stifte vorhanden. Da bei vier Stiften die Mine eingetrocknet ist, sind acht Stifte (Anteil $\frac{8}{12}$) funktionsfähig und vier (Anteil $\frac{4}{12}$) defekt. Wenn bereits ein defekter Stift gezogen, aber nicht zurückgelegt wurde, sind noch elf Stifte vorhanden, davon acht (Anteil $\frac{8}{11}$) funktionsfähig und drei (Anteil $\frac{3}{11}$) defekt. Das vollständige Baumdiagramm ist nebenstehend zu sehen.

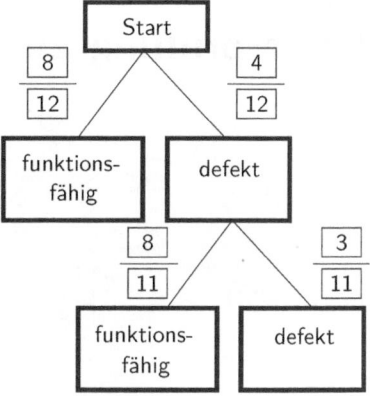

Musterprüfung 2022 nach LehrplanPLUS

DEINE NEUE
LERNPLATTFORM
UNTER

https://lern.de
oder
https://realschul.guru

A 1.0 Ein Glücksrad besteht aus drei kongruenten Sektoren, die mit den Zahlen von 1 bis 3 beschriftet sind. Es wird dreimal am Glücksrad gedreht.

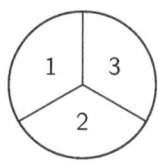

A 1.1 Geben Sie die Wahrscheinlichkeit dafür an, dass genau dreimal die Zahl 1 gedreht wird.   1 P

A 1.2 Ergänzen Sie das Baumdiagramm mit allen Pfaden, die sich von der Zahl 2 aus ergeben.   2 P

A 1.3 Man erhält einen Gewinn, wenn man bei den drei Drehungen Zahlen erhält, deren Summenwert genau 8 ist.   2 P

Bestimmen Sie die Wahrscheinlichkeit dafür, dass man diesen Gewinn erhält.

A 2.0   Gegeben sind Fünfecke $A_nB_nSD_nE_n$ mit $\overline{A_nE_n} \parallel \overline{B_nS}$. Der Punkt C ist der Fußpunkt der Lote von den Punkten D_n auf die Strecken $\overline{B_nS}$. Die Punkte E_n sind die Mittelpunkte der Strecken $\overline{CD_n}$. Die Winkel D_nSC haben das Maß φ mit $\varphi \in \,]0°;\,90°[$.
Es gilt:
$|\overline{CS}| = 3\,\text{cm}; |\overline{CB_n}| = 2 \cdot |\overline{CD_n}|; \sphericalangle CB_nA_n = 90°$.
Die Zeichnung zeigt das Fünfeck $A_1B_1SD_1E_1$ für $\varphi = 34°$.

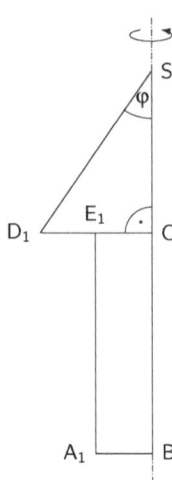

A 2.1   Zeigen Sie, dass für die Länge der Strecken $\overline{CD_n}$ in Abhängigkeit von φ gilt: 1 P
$|\overline{CD_n}|(\varphi) = 3 \cdot \tan\varphi\;\text{cm}$

A 2.2   Die Fünfecke $A_nB_nSD_nE_n$ rotieren um die Achse B_nS.   3 P
Berechnen Sie das Volumen V der entstehenden Rotationskörper in Abhängigkeit von φ.

A 3   Die nebenstehende Skizze zeigt das rechtwink-
lige Dreieck WKR.
Es gilt:
$|\overline{KR}| = 134\,\text{km}$; $\sphericalangle WRK = 60°$; $\sphericalangle RKW = 90°$.
Die Luftlinie Würzburg (W) – Rosenheim (R)
wird durch die Strecke $\overline{WR}$ dargestellt.
Berechnen Sie deren Länge.

2 P

A 1.1   Bei drei Sektoren beträgt die Wahrscheinlichkeit, die Zahl 1 einmal zu drehen $\frac{1}{3}$. Für das dreimalige Drehen wird die Einzelwahrscheinlichkeit hoch drei gerechnet:

$$p = \left(\frac{1}{3}\right)^3 = \frac{1}{3} \cdot \frac{1}{3} \cdot \frac{1}{3} = \underline{\frac{1}{27}}$$

A 1.2   Da die einzelnen Drehungen unabhängig voneinander sind, kann auch nach der ersten Zahl 2 wieder jede Zahl und auch davon ausgehend wieder jede Zahl gedreht werden.

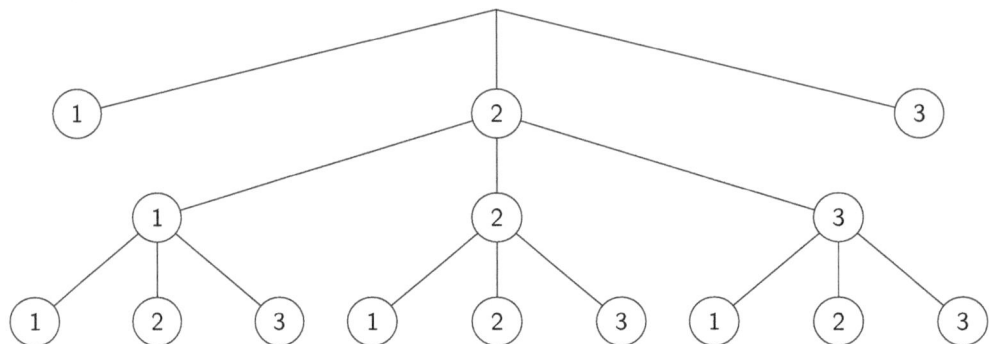

A 1.3   Jede Kombination aus drei Zahlen hat die Wahrscheinlichkeit von $\frac{1}{27}$ erzielt zu werden. Drei Kombinationen, nämlich

$$2; 3; 3 \qquad\qquad 3; 2; 3 \qquad\qquad 3; 3; 2$$

entsprechen dem Summenwert 8. Die Wahrscheinlichkeit dafür ist also:

$$p = 3 \cdot \frac{1}{27} = \underline{\frac{3}{27} = \frac{1}{9}}$$

A 2.1   Im Dreieck $D_n CS$ gilt:

$$\tan\varphi = \frac{|\overline{CD_n}|}{|\overline{CS}|}$$

$$= \frac{|\overline{CD_n}|}{3\,\text{cm}}$$

$$\Rightarrow \quad \underline{|\overline{CD_n}| = 3 \cdot \tan\varphi\,\text{cm}}$$

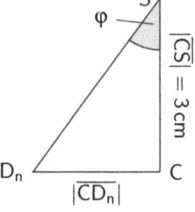

A 2.2   Der Rotationskörper setzt sich zusammen aus dem oberen Teil, welcher einem Kegel mit Radius $\overline{CD_n}$ und Höhe $\overline{CS}$ entspricht, sowie dem unteren Teil, welcher ein Zylinder mit Radius $\overline{CE_n}$ und Höhe $\overline{CB_n}$ ist.

Für den Kegel ist dabei $|\overline{CS}| = 3\,\text{cm}$ gegeben und $|\overline{CD_n}| = 3 \cdot \tan\varphi\,\text{cm}$ wurde in Teilaufgabe 2.1 bestimmt.

Für den Zylinder ist der Radius $\overline{CE_n}$. Laut Angabe sind E_n die Mittelpunkte von $\overline{CD_n}$, sodass

$$|\overline{CE_n}| = \frac{1}{2} \cdot |\overline{CD_n}| = \frac{1}{2} \cdot 3 \cdot \tan\varphi \, cm = 1{,}5 \cdot \tan\varphi \, cm$$

ist. Ebenfalls laut Angabe ist $|\overline{CB_n}| = 2 \cdot |\overline{CD_n}|$, sodass sich

$$|\overline{CB_n}| = 2 \cdot |\overline{CD_n}| = 2 \cdot 3 \cdot \tan\varphi \, cm = 6 \cdot \tan\varphi \, cm$$

als Höhe des Zylinders ergibt. Für das gesuchte Volumen gilt damit:

$$V(\varphi) = V_{Kegel} + V_{Zylinder}$$
$$= \left(\frac{1}{3} \cdot |\overline{CD_n}|^2 \cdot \pi \cdot |\overline{CS}|\right) + \left(|\overline{CE_n}|^2 \cdot \pi \cdot |\overline{CB_n}|\right)$$
$$= \left(\frac{1}{3} \cdot (3 \cdot \tan\varphi)^2 \cdot \pi \cdot 3 + (1{,}5 \cdot \tan\varphi)^2 \cdot \pi \cdot 6 \cdot \tan\varphi\right) cm^3$$
$$= \left(\frac{1}{3} \cdot 9 \cdot (\tan\varphi)^2 \cdot \pi \cdot 3 + 2{,}25 \cdot (\tan\varphi)^2 \cdot \pi \cdot 6 \cdot \tan\varphi\right) cm^3$$
$$= \left(9 \cdot \pi \cdot (\tan\varphi)^2 + 13{,}5 \cdot \pi \cdot (\tan\varphi)^3\right) cm^3$$

A 3   Im Dreieck KRW gilt:

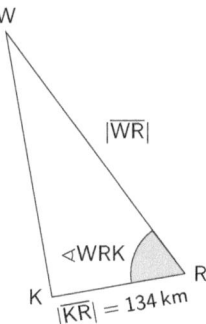

$$\cos\sphericalangle WRK = \frac{|\overline{KR}|}{|\overline{WR}|} \qquad |\cdot|\overline{WR}|$$

$$\Longleftrightarrow \quad \cos(60°) \cdot |\overline{WR}| = 134 \, km \qquad |:\cos(60°)$$

$$\Longleftrightarrow \quad |\overline{WR}| = \frac{134 \, km}{\cos(60°)}$$

$$\Longleftrightarrow \quad |\overline{WR}| = \frac{134 \, km}{\frac{1}{2}}$$

$$\Longleftrightarrow \quad |\overline{WR}| = 268 \, km$$

B 1.0   Vitamin D kann im menschlichen Körper produziert werden, wenn Sonnenstrahlung unter bestimmten Bedingungen auf die Haut trifft. Im Winterhalbjahr nimmt daher die Konzentration von Vitamin D im Körper normalerweise ab.

Bei Andreas wurde Ende September eine Anfangskonzentration von 55 Nanogramm Vitamin pro Milliliter Blut ($55 \frac{ng}{ml}$) gemessen. Der Zusammenhang zwischen der Anzahl x der Wochen und der verbleibenden Konzentration $y \frac{ng}{ml}$ an Vitamin D lässt sich bei Andreas näherungsweise durch die Funktion f_1 mit der Gleichung $y = 55 \cdot 0{,}93^x$ ($x \in \mathbb{R}_0^+, y \in \mathbb{R}^+$) beschreiben.

B 1.1   Um wie viel Prozent reduziert sich folglich bei Andreas die Konzentration an Vitamin D in einer Woche? Ergänzen Sie.   1 P

Die Konzentration reduziert sich in einer Woche um ⬚ %.

B 1.2   Berechnen Sie mithilfe der Funktion f_1 die Konzentration an Vitamin D bei Andreas nach 21 Tagen.   1 P

Runden Sie auf zwei Nachkommastellen.

B 1.3   Berechnen Sie, in welcher Woche sich die Anfangskonzentration an Vitamin D bei Andreas entsprechend der Funktion f_1 halbiert.   2 P

B 1.4   Bei Stephan wurde gleichzeitig mit Andreas eine Messung begonnen. Bei Stephan lässt sich der Zusammenhang zwischen der Anzahl x der Wochen und der verbleibenden Konzentration $y \frac{ng}{ml}$ an Vitamin D annähernd durch die Funktion f_2 mit der Gleichung $y = 51 \cdot 0{,}91^x$ ($x \in \mathbb{R}_0^+, y \in \mathbb{R}^+$) beschreiben.   1 P

Ist es unter diesen Voraussetzungen möglich, dass die Konzentrationen an Vitamin D zu einem Zeitpunkt bei Stephan und Andreas den gleichen Wert erreichen?

Begründen Sie Ihre Entscheidung ohne Rechnung.

B 2.0 Gegeben ist das Rechteck ABCD. Punkte E_n auf der Seite $\overline{AB}$ und Punkte F_n auf der Seite $\overline{CD}$ legen zusammen mit dem Punkt D Dreiecke DE_nF_n fest. Die Winkel ADE_n haben das Maß φ mit $\varphi \in [24{,}30°; 65{,}70°]$.

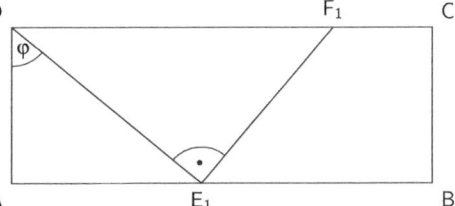

Es gilt: $|\overline{AB}| = 8\,\text{cm}; |\overline{AD}| = 3\,\text{cm}; \sphericalangle F_nE_nD = 90°$.

Die Skizze zeigt das Dreieck DE_1F_1 für $\varphi = 50°$.

B 2.1 Begründen Sie, weshalb die Winkel DF_nE_n stets das Maß φ haben. 1 P

B 2.2 Zeigen Sie rechnerisch, dass für die Länge der Strecken $\overline{CF_n}$ in Abhängigkeit von φ gilt: $|\overline{CF_n}|(\varphi) = \left(8 - \dfrac{3}{\sin\varphi \cdot \cos\varphi}\right)$ cm. 3 P

B 2.3 Berechnen Sie die Länge der Strecke $\overline{CF_1}$. 1 P
Runden Sie auf zwei Nachkommastellen.

B 3.0   Gegeben ist die Funktion f_1 mit der Gleichung $y = 2 \cdot \log_3(x + 1) - 2$ ($x,y \in \mathbb{R}$).

B 3.1   Geben Sie die Definitionsmenge der Funktion f_1 sowie die Gleichung der Asymptote   3 P
h an und zeichnen Sie den Graphen zu f_1 für $x \in [-0{,}5; 9]$ in ein Koordinatensystem.

Für die Zeichnung: Längeneinheit $1\,\text{cm}$; $-3 \leq x \leq 9$; $-4 \leq y \leq 7$

B 3.2   Der Graph der Funktion f_1 wird durch Parallelverschiebung mit dem Vektor $\vec{v} = \begin{pmatrix} a \\ 4 \end{pmatrix}$ 4 P

mit $a \in \mathbb{R}$ auf den Graphen der Funktion f_2 abgebildet. Der Punkt $P(0\,|\,4)$ liegt auf
dem Graphen zu f_2.

Berechnen Sie den Wert von a und zeigen Sie rechnerisch, dass für die Gleichung der
Funktion f_2 gilt: $y = 2 \cdot \log_3(x + 3) + 2$.

Zeichnen Sie sodann den Graphen zu f_2 für $x \in [-2{,}5; 9]$ in das Koordinatensystem
zu B 3.1 ein.

B 3.3   Punkte $A_n(x\,|\,2 \cdot \log_3(x + 1) - 2)$ auf   dem   Graphen   zu f_1 und   Punkte   2 P
$C_n(x\,|\,2 \cdot \log_3(x + 3) + 2)$ auf dem Graphen zu f_2 haben dieselbe Abszisse x und sind
für $x > -1$ zusammen mit Punkten B_n und D_n die Eckpunkte von Rauten $A_nB_nC_nD_n$.

Es gilt: $|\overline{B_nD_n}| = 3\,\text{LE}$.

Zeichnen Sie die Rauten $A_1B_1C_1D_1$ für $x = 0$ und $A_2B_2C_2D_2$ für $x = 5$ in das
Koordinatensystem zu B 3.1 ein.

B 3.4   Zeigen Sie rechnerisch, dass für die Koordinaten der Diagonalenschnittpunkte M_n der   2 P
Rauten $A_nB_nC_nD_n$ in Abhängigkeit von der Abszisse x der Punkte A_n und C_n gilt:

$M_n(x\,|\,\log_3(x^2 + 4x + 3))$.

B 3.5   Der Diagonalenschnittpunkt M_3 der Raute $A_3B_3C_3D_3$ liegt auf der x-Achse.   4 P

Berechnen Sie die Koordinaten der Punkte B_3 und C_3 . Runden Sie auf zwei Stellen
nach dem Komma.

B 4.0 Das gleichschenklige Dreieck ABC ist die Grundfläche des Prismas ABCDEF mit der Höhe $\overline{AD}$. Der Punkt M ist der Mittelpunkt der Basis $\overline{AC}$ und der Punkt N ist der Mittelpunkt der Strecke $\overline{DF}$.

Es gilt: $|\overline{AC}| = 12\,\text{cm}$; $|\overline{MB}| = 8\,\text{cm}$; $|\overline{AD}| = 5\,\text{cm}$.

Runden Sie im Folgenden auf zwei Stellen nach dem Komma.

B 4.1 Zeichnen Sie das Schrägbild des Prismas ABCDEF, wobei die Strecke $\overline{MB}$ auf der Schrägbildachse und der Punkt M links vom Punkt B liegen soll.   3 P

Für die Zeichnung gilt: $q = \dfrac{1}{2}$; $\omega = 45°$.

Zeichnen Sie sodann die Strecke $\overline{BN}$ ein und berechnen Sie das Maß des Winkels NBM.

B 4.2 Punkte P_n liegen auf der Strecke $\overline{MB}$. Die Winkel P_nEB haben das Maß φ mit   2 P
$\varphi \in \;]0°;\; 57{,}99°]$. Die Strecken $\overline{BN}$ und $\overline{EP_n}$ schneiden sich in Punkten Q_n.

Zeichnen Sie für $\varphi = 45°$ die Strecke $\overline{EP_1}$ und den Punkt Q_1 in das Schrägbild zu B 4.1 ein.

Begründen Sie sodann rechnerisch die obere Intervallgrenze für φ.

B 4.3 Zeigen Sie, dass für die Länge der Strecken $\overline{EQ_n}$ in Abhängigkeit von φ gilt: 4 P

$$|\overline{EQ_n}|(\varphi) = \frac{4{,}24}{\sin(\varphi + 57{,}99°)}\,\text{cm}.$$

Unter den Strecken $\overline{EQ_n}$ hat die Strecke $\overline{EQ_0}$ die minimale Länge.

Berechnen Sie die Länge der Strecke $\overline{NQ_0}$.

B 4.4 Der Punkt A ist die Spitze von Pyramiden Q_nBEA mit den Grundflächen Q_nBE.   3 P

Zeichnen Sie die Pyramide Q_1BEA in das Schrägbild zu B 4.1 ein und ermitteln Sie sodann rechnerisch das Volumen V der Pyramiden Q_nBEA in Abhängigkeit von φ.

$$\left[\text{Ergebnis: } V(\varphi) = \frac{21{,}2 \cdot \sin\varphi}{\sin(\varphi + 57{,}99°)}\,\text{cm}^3\right]$$

B 4.5 Das Volumen der Pyramide Q_2BEA ist um 95 % kleiner als das Volumen des Prismas ABCDEF.   4 P

Berechnen Sie das zugehörige Maß für φ.

B 1.1 Da x die Anzahl in Wochen beschreibt, gibt der Faktor $0{,}93^x$ im Funktionsterm die wöchentliche Reduktion an. Wenn mit einem Faktor von 0,93 pro Woche multipliziert wird, beträgt die wöchentliche Abnahme also $1 - 0{,}93 = 0{,}07$, also <u>7 %</u>.

B 1.2 Eine Zeit von 21 Tagen entspricht $x = 3$ Wochen. Dies wird in die Funktionsgleichung eingesetzt:

$$y = 55 \cdot 0{,}93^3 \approx 44{,}24$$

Die Konzentration an Vitamin D bei Andreas beträgt nach 21 Tagen ca. $\underline{\underline{44{,}24 \, \frac{ng}{ml}}}$.

B 1.3 Gesucht ist, nach welcher Zeit sich die Anfangskonzentration von $55 \, \frac{ng}{ml}$ halbiert hat:

$$
\begin{aligned}
& y = 0{,}5 \cdot 55 \\
\iff\quad & 55 \cdot 0{,}93^x = 0{,}5 \cdot 55 && | : 55 \\
\iff\quad & 0{,}93^x = 0{,}5 && | \log_{0{,}93} \\
\iff\quad & x = \log_{0{,}93}(0{,}5) \\
\iff\quad & x \approx 9{,}6
\end{aligned}
$$

Die Konzentration halbiert sich in der 10. Woche.

B 1.4 Der Faktor 51 im Funktionsterm für Stephan beschreibt die Anfangskonzentration, welche **kleiner** als die von Andreas ist.

Der Faktor $0{,}91^x$ entspricht der wöchentlichen Abnahme, welche $1 - 0{,}91 = 0{,}09$, also 9 % entspricht. Die wöchentliche Abnahme von Stephan ist also **stärker** als die von Andreas.

Da Stephan also eine kleinere Anfangskonzentration und zusätzlich noch eine stärkere wöchentliche Abnahme als Andreas, können die Werte der beiden Personen nie den gleichen Wert erreichen.

B 2.1 Bei Punkt D liegt ein rechter Winkel des Rechtecks ABCD vor. Der Winkel φ und der Winkel $\sphericalangle E_n D F_n$ ergänzen sich daher zu 90°, sodass $\sphericalangle E_n D F_n = 90° - \varphi$ gilt. Da das Dreieck $D E_n F_n$ bei E_n rechtwinklig ist, gilt in diesem Dreieck aufgrund der Innenwinkelsumme des Dreiecks:

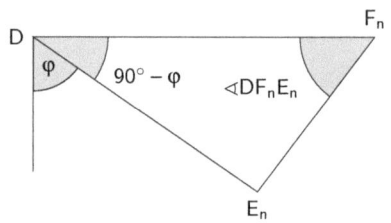

$$
\begin{aligned}
& \sphericalangle E_n D F_n + \sphericalangle D F_n E_n + 90° = 180° && | - 90° \\
\iff\quad & \sphericalangle E_n D F_n + \sphericalangle D F_n E_n = 90° && | - \sphericalangle E_n D F_n \\
\iff\quad & \sphericalangle D F_n E_n = 90° - \sphericalangle E_n D F_n \\
\iff\quad & \sphericalangle D F_n E_n = 90° - (90° - \varphi) \\
\iff\quad & \sphericalangle D F_n E_n = \varphi
\end{aligned}
$$

B 2.2 Die Länge $|\overline{CF_n}|$ ergibt sich aus der Differenz $|\overline{CD}| - |\overline{DF_n}|$. Da die gegenüberliegenden Seiten im Rechteck gleich lang sind, ist $|\overline{CD}| = |\overline{AB}| = 8\,\text{cm}$. Die Länge $|\overline{DF_n}|$ ergibt sich im Dreieck DE_nF_n (siehe Skizze Teilaufgabe 2.1):

$$\sin \sphericalangle DF_nE_n = \frac{|\overline{DE_n}|}{|\overline{DF_n}|}$$

$$\Longleftrightarrow \qquad \sin \varphi = \frac{|\overline{DE_n}|}{|\overline{DF_n}|} \qquad | \cdot |\overline{DF_n}|$$

$$\Longleftrightarrow \qquad \sin \varphi \cdot |\overline{DF_n}| = |\overline{DE_n}| \qquad | : \sin \varphi$$

$$\Longleftrightarrow \qquad |\overline{DF_n}| = \frac{|\overline{DE_n}|}{\sin \varphi}$$

Die Länge $|\overline{DE_n}|$ kann wiederum im Dreieck AE_nD bestimmt werden:

$$\cos \varphi = \frac{|\overline{AD}|}{|\overline{DE_n}|} \qquad | \cdot |\overline{DE_n}|$$

$$\Longleftrightarrow \qquad \cos \varphi \cdot |\overline{DE_n}| = 3\,\text{cm} \qquad | : \cos \varphi$$

$$\Longleftrightarrow \qquad |\overline{DE_n}|(\varphi) = \frac{3}{\cos \varphi}\,\text{cm}$$

Oben eingesetzt folgt:

$$|\overline{DF_n}|(\varphi) = \frac{|\overline{DE_n}|}{\sin \varphi} = \frac{\frac{3}{\cos \varphi}\,\text{cm}}{\sin \varphi} = \frac{3}{\sin \varphi \cdot \cos \varphi}\,\text{cm}$$

Damit gilt schließlich für die gesuchte Länge:

$$|\overline{CF_n}|(\varphi) = |\overline{CD}| - |\overline{DF_n}| = 8\,\text{cm} - \frac{3}{\sin \varphi \cdot \cos \varphi}\,\text{cm} = \left(8 - \frac{3}{\sin \varphi \cdot \cos \varphi}\right)\text{cm}$$

B 2.3 Das Dreieck DE_1F_1 ergibt sich für $\varphi = 50°$. Setzt man dies in die unter 2.2 gefundene Relation ein, ergibt sich die zugehörige Länge von $|\overline{CF_1}|$:

$$|\overline{CF_1}| = |\overline{CF_n}|(50°) = \left(8 - \frac{3}{\sin(60°) \cdot \cos(60°)}\right)\text{cm} \approx \underline{1{,}91\,\text{cm}}$$

B 3.1 Dar Argument der Logarithmusfunktion muss stets größer als null sein, demnach muss gelten:

$$x + 1 > 0 \qquad \Longleftrightarrow \qquad x > -1$$

Die Definitionsmenge lautet also $\underline{\mathbb{D} = \{x | x > -1\}}$. Entsprechend ergibt sich eine senkrechte Asymptote mit der Gleichung $\underline{h: x = -1}$.

Graphische Darstellung:

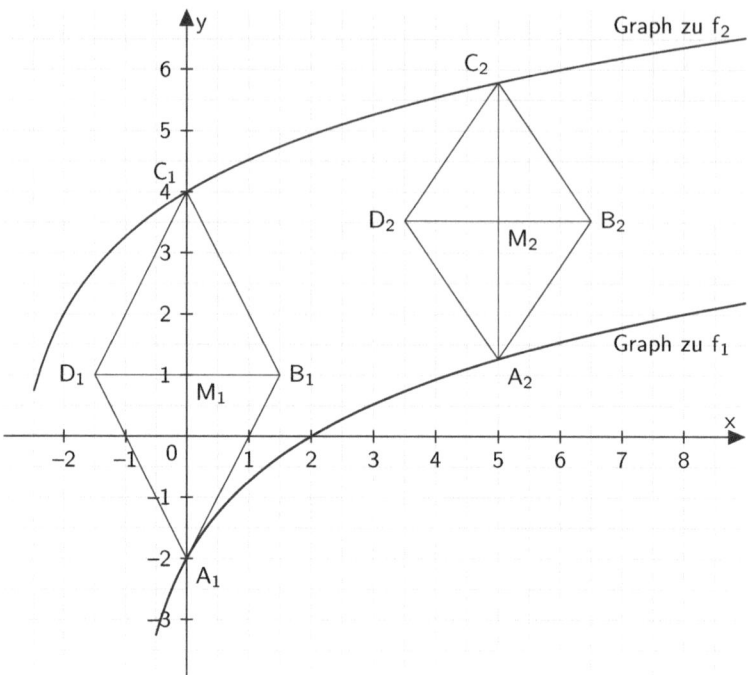

B 3.2   Wenn der Punkt P auf dem Graphen von f_2 liegt, so muss auch die Darstellung des Vektors des Punktes P dem der Funktionsgleichung von f_1, verschoben um den Vektor $\vec{v}$ entsprechen:

$$\begin{pmatrix} 0 \\ 4 \end{pmatrix} = \begin{pmatrix} x \\ 2 \cdot \log_3(x+1) - 2 \end{pmatrix} \oplus \begin{pmatrix} a \\ 4 \end{pmatrix}$$

$$\iff \quad \begin{pmatrix} 0 \\ 4 \end{pmatrix} = \begin{pmatrix} x + a \\ 2 \cdot \log_3(x+1) + 2 \end{pmatrix}$$

Damit ergeben sich zwei Gleichungen, jeweils eine pro Zeile. Aus der ersten Zeile folgt:

$$0 = x + a \qquad | - a$$

$$\iff \qquad x = -a$$

Dies wird in die zweite Zeile eingesetzt:

$$4 = 2 \cdot \log_3(x+1) + 2$$

$x = -a$ einsetzen: $\qquad 4 = 2 \cdot \log_3(-a+1) + 2 \qquad | - 2$

$$\iff \qquad 2 = 2 \cdot \log_3(-a+1) \qquad | : 2$$

$$\iff \qquad 1 = \log_3(-a+1) \qquad | 3^{()}$$

$$\iff \qquad 3^1 = -a + 1 \qquad | - 1$$

$$\iff \qquad 2 = -a \qquad | \cdot (-1)$$

$$\iff \qquad \underline{a = -2}$$

Mit $a = -2$ gilt für die Verschiebung:

$$\begin{pmatrix} x' \\ y' \end{pmatrix} = \begin{pmatrix} x \\ 2 \cdot \log_3(x+1) - 2 \end{pmatrix} \oplus \begin{pmatrix} -2 \\ 4 \end{pmatrix} = \begin{pmatrix} x - 2 \\ 2 \cdot \log_3(x+1) + 2 \end{pmatrix}$$

Aus der ersten Zeile folgt:

$$x' = x - 2 \quad \Longleftrightarrow \quad x = x' + 2$$

Eingesetzt in die zweite Zeile folgt:

$$y' = 2 \cdot \log_3(x+1) + 2 = 2 \cdot \log_3((x'+2)+1) + 2 = 2 \cdot \log_3(x'+3) + 2$$

Daraus ergibt sich die Funktionsgleichung $\underline{f_2 \colon y = 2 \cdot \log_3(x+3) + 2}$.

Einzeichnen des Graphen zu f_2: siehe Teilaufgabe 3.1.

B 3.3 Einzeichnen der Rauten: siehe Teilaufgabe 3.1.

B 3.4 Die Mittelpunkte stimmen in den x-Koordinaten mit A_n bzw. C_n überein, sodass $x_{M_n} = x$ gilt. Die y-Koordinate ergibt sich aus dem Mittel der y-Koordinaten von A_n und C_n, sodass gilt:

$$\begin{aligned}
y_{M_n} &= \frac{y_{A_n} + y_{C_n}}{2} = \frac{2 \cdot \log_3(x+1) - 2 + 2 \cdot \log_3(x+3) + 2}{2} \\
&= \frac{2 \cdot \log_3(x+1) + 2 \cdot \log_3(x+3)}{2} = \frac{2 \cdot (\log_3(x+1) + \log_3(x+3))}{2} \\
&= \log_3(x+1) + \log_3(x+3) = \log_3((x+1) \cdot (x+3)) = \log_3(x^2 + x + 3x + 3) \\
&= \log_3(x^2 + 4x + 3)
\end{aligned}$$

Demnach ergeben sich die Koordinaten zu $\underline{M_n\left(x \mid \log_3(x^2 + 4x + 3)\right)}$.

B 3.5 Wenn der Punkt M_3 auf der x-Achse liegt, so ist $y_{M_3} = 0$, also:

$$y_{M_3} = 0$$
$$\Longleftrightarrow \quad \log_3(x^2 + 4x + 3) = 0 \qquad \mid 3^{(\,)}$$
$$\Longleftrightarrow \quad x^2 + 4x + 3 = 1 \qquad \mid -1$$
$$\Longleftrightarrow \quad x^2 + 4x + 2 = 0$$

Für die Lösung der Gleichung wird die Mitternachtsformel verwendet:

$$x_{1;2} = \frac{-4 \pm \sqrt{4^2 - 4 \cdot 1 \cdot 2}}{2 \cdot 1} \quad \Rightarrow \quad x_1 \approx -3{,}41 \quad \text{oder} \quad x_2 \approx -0{,}59$$

Da die Definitionsmenge $\mathbb{D} = \{x \mid x > -1\}$ ist, ist $x_1 \notin \mathbb{D}$, weshalb als Lösung nur $x_2 = -0{,}59$ in Frage kommt. Da $\overline{|B_n D_n|} = 3\,\text{LE}$ gilt, liegt B_3 1,5 LE rechts von dieser x-Koordinate:

$$x_{B_3} = -0{,}59 + 1{,}5 = 0{,}91$$

Da der Punkt die gleiche y-Koordinate hat wie M_3, also auf der x-Achse liegt, ist $y_{B_3} = 0$. Die Koordinaten des Punktes lauten also $\underline{B_3\,(0{,}91 \mid 0)}$. Der Punkt C_3 hat die x-Koordinate $x_{C_3} = -0{,}59$, die zugehörige y-Koordinate ergibt sich durch Einsetzen in die allgemeinen Koordinaten der Punkte:

$$y_{C_3} = 2 \cdot \log_3(-0{,}59 + 3) + 2 \approx 3{,}60$$

Die Koordinaten lauten $\underline{C_3\,(-0{,}59 \mid 3{,}60)}$.

B 4.1   Zeichnen des Prismas ABCDEF und der Strecke $\overline{BN}$:

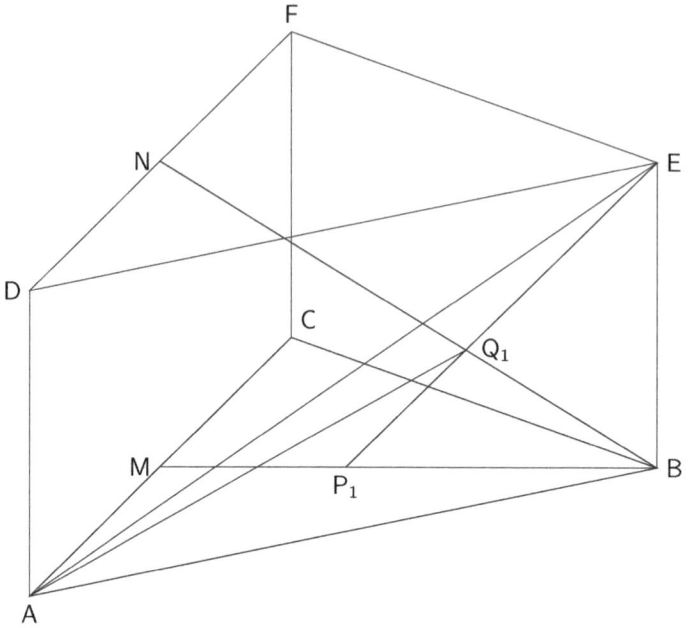

Im Dreieck MBN gilt:

$$\tan \sphericalangle NBM = \frac{|\overline{MN}|}{|\overline{MB}|} = \frac{|\overline{AD}|}{|\overline{MB}|} = \frac{5}{8} \quad \Rightarrow \quad \underline{\underline{\sphericalangle NBM \approx 32{,}01°}}$$

B 4.2   Einzeichnen von Strecke $\overline{EP_1}$ und Punkt Q_1: siehe Teilaufgabe 4.1.

Damit P_n noch auf $\overline{MB}$ liegt, muss gelten:

$$|\overline{P_nB}| \leq |\overline{MB}| \quad \Rightarrow \quad \tan \varphi = \frac{|\overline{P_nB}|}{|\overline{BE}|} \leq \frac{|\overline{MB}|}{|\overline{BE}|} = \frac{8}{5} \quad \Rightarrow \quad \underline{\underline{\varphi \leq 57{,}99°}}$$

B 4.3   Im Dreieck Q_nBE gilt entsprechend des Sinussatzes:

$$\frac{|\overline{EQ_n}|}{\sin \sphericalangle EBQ_n} = \frac{|\overline{EB}|}{\sin \sphericalangle BQ_nE} \qquad | \cdot \sin \sphericalangle EBQ_n$$

$$\Longleftrightarrow \quad |\overline{EQ_n}| = \frac{|\overline{EB}|}{\sin \sphericalangle BQ_nE} \cdot \sin \sphericalangle EBQ_n$$

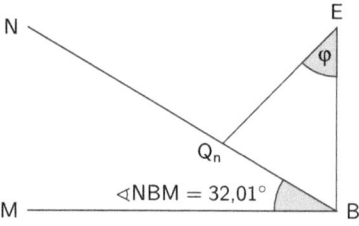

Dabei ist $|\overline{EB}| = |\overline{AD}| = 5\,\text{cm}$. Wie in der Skizze zu sehen ist gilt außerdem:

$$32{,}01° + \sphericalangle EBQ_n = 90° \qquad |-32{,}01°$$

$$\Longleftrightarrow \qquad \sphericalangle EBQ_n = 57{,}99°$$

Aufgrund der Innenwinkelsumme im Dreieck gilt zudem:

$$\sphericalangle EBQ_n + \sphericalangle BQ_nE + \varphi = 180° \qquad |-(\sphericalangle EBQ_n + \varphi)$$

$$\Longleftrightarrow \qquad \sphericalangle BQ_nE = 180° - (57,99° + \varphi)$$

Eingesetzt in die obige Formel folgt unter Verwendung von $\sin(180° - x) = \sin(x)$:

$$|\overline{EQ_n}| = \frac{5\,\text{cm}}{\sin(180° - (57,99° + \varphi))} \cdot \sin(57,99°) = \frac{4,24}{\sin(57,99° + \varphi)}\,\text{cm}$$

Da durch den Sinus geteilt wird ergibt sich die minimale Länge, wenn der Sinusterm maximal wird, was für einen Winkel von 90° der Fall ist. In diesem Fall gilt:

$$|\overline{EQ_0}| = \frac{4,24}{\sin(90°)}\,\text{cm} = \frac{4,24}{1}\,\text{cm} = 4,24\,\text{cm}$$

Damit gilt entsprechend des Satz des Pythagoras im Dreieck NQ_nE:

$$|\overline{NQ_0}|^2 + |\overline{EQ_0}|^2 = |\overline{NE}|^2 \qquad\qquad |-|\overline{EQ_0}|^2$$
$$\Longleftrightarrow \qquad |\overline{NQ_0}|^2 = |\overline{NE}|^2 - |\overline{EQ_0}|^2 \qquad |\sqrt{}$$
$$\Longleftrightarrow \qquad |\overline{NQ_0}| = \sqrt{8^2 - 4,24^2}\,\text{cm}$$
$$\Longleftrightarrow \qquad \underline{|\overline{NQ_0}| = 6,78\,\text{cm}}$$

B 4.4   Einzeichnen der Pyramide Q_1BEA: siehe Teilaufgabe 4.1.

Das Volumen der Pyramide ergibt sich aus der Grundfläche des Dreiecks Q_nBE und der Höhe der Pyramide. Die Grundfläche ergibt sich dabei aus den Längen der beiden Seiten $\overline{EQ_n}$, welche allgemein in der letzten Teilaufgabe bestimmt wurde, der Länge $|\overline{EB}| = |\overline{AD}| = 5\,\text{cm}$ und dem Sinus des eingeschlossenen Winkels φ. Da die Grundfläche in einer Ebene mit dem Punkt M liegt, ist $|\overline{AM}| = 0,5 \cdot |\overline{AC}| = 6\,\text{cm}$ die Höhe der Pyramide. Entsprechend gilt für das Volumen:

$$\begin{aligned}
V(\varphi) &= \frac{1}{3} \cdot A_{Q_nBE} \cdot |\overline{AC}| \\
&= \frac{1}{3} \cdot \left(\frac{1}{2} \cdot |\overline{EQ_n}| \cdot |\overline{EB}| \cdot \sin\varphi \right) \cdot |\overline{AC}| \\
&= \left[\frac{1}{6} \cdot \frac{4,24}{\sin(57,99° + \varphi)} \cdot 5 \cdot \sin\varphi \cdot 6 \right]\,\text{cm}^3 \\
&= \underline{\frac{21,2 \cdot \sin\varphi}{\sin(57,99° + \varphi)}\,\text{cm}^3}
\end{aligned}$$

B 4.5   Zunächst wird das Volumen des Prismas aus der Grundfläche des Dreiecks ABC und der Höhe $|\overline{AD}|$ ermittelt:

$$\begin{aligned}
V_{ABCDEF} &= A_{ABC} \cdot |\overline{AD}| = \frac{1}{2} \cdot |\overline{AC}| \cdot |\overline{MB}| \cdot |\overline{AD}| \\
&= \left(\frac{1}{2} \cdot 12 \cdot 8 \cdot 5 \right)\,\text{cm}^3 \\
&= 240\,\text{cm}^3
\end{aligned}$$

Wenn Q_2BEA ein um 95 % kleineres Volumen hat also das Prisma, so entspricht das Volumen also $100\,\% - 95\,\% = 5\,\%$ des Volumens des Prismas, also:

$$V_{Q_2BEA} = 0,05 \cdot V_{ABCDEF}$$

$$\Longleftrightarrow \quad \frac{21,2 \cdot \sin \varphi}{\sin(57,99° + \varphi)} = 12 \qquad\qquad\qquad |:12$$

$$\Longleftrightarrow \quad \frac{1,7667 \cdot \sin \varphi}{\sin(57,99° + \varphi)} = 1 \qquad\qquad\qquad |\cdot \sin(57,99° + \varphi)$$

$$\Longleftrightarrow \quad 1,7667 \cdot \sin \varphi = \sin(57,99° + \varphi)$$

$$\Longleftrightarrow \quad 1,7667 \cdot \sin \varphi = \sin(57,99°) \cos \varphi + \cos(57,99°) \sin \varphi$$

$$\Longleftrightarrow \quad 1,7667 \cdot \sin \varphi = 0,8480 \cdot \cos \varphi + 0,5301 \cdot \sin \varphi \qquad |-0,5301 \cdot \sin \varphi$$

$$\Longleftrightarrow \quad 1,2366 \cdot \sin \varphi = 0,8480 \cdot \cos \varphi \qquad\qquad\qquad |:\cos \varphi$$

$$\Longleftrightarrow \quad 1,2366 \cdot \frac{\sin \varphi}{\cos \varphi} = 0,8480 \qquad\qquad\qquad |:1,2366$$

$$\Longleftrightarrow \quad \tan \varphi = 0,6858$$

$$\Rightarrow \quad \underline{\underline{\varphi \approx 34,44°}}$$

Abschlussprüfung 2023 nach LehrplanPLUS

DEINE NEUE
LERNPLATTFORM
UNTER

https://lern.de
oder
https://realschul.guru

A 1   Punkte B_n liegen auf der Geraden g mit der Gleichung $y = -2x + 6$ $(x, y \in \mathbb{R})$. Die Pfeile $\overrightarrow{AB_n}(x) = \begin{pmatrix} x \\ -2x + 6 \end{pmatrix}$ und $\overrightarrow{AD} = \begin{pmatrix} -6 \\ 2 \end{pmatrix}$ mit $A\,(0\,|\,0)$ spannen zusammen mit Punkten C_n für $x < 3{,}6$ Parallelogramme AB_nC_nD auf.

In das Koordinatensystem sind die Gerade g sowie das Parallelogramm AB_1C_1D für $x = 1{,}5$ eingezeichnet.

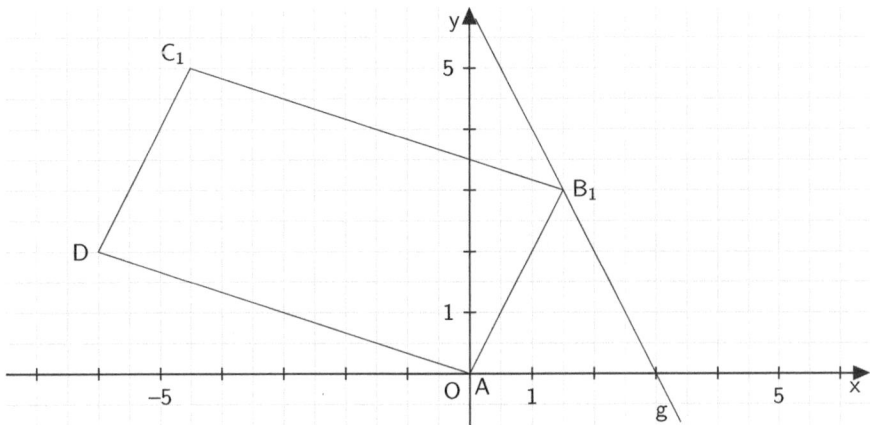

Überprüfen Sie rechnerisch, ob das Parallelogramm AB_1C_1D ein Rechteck ist.

2,5 P

A 2.0   Gegeben ist die Funktion f mit der Gleichung $y = 3 \cdot 2^x - 24$ (x,y $\in \mathbb{R}$)

A 2.1   Berechnen Sie die Nullstelle der Funktion f.   2 P

A 2.2   Geben Sie die Gleichung der Asymptote des Graphen von f an.   1 P

A 3.0   Ein Glücksrad besteht aus drei kongruenten Sektoren, die wie
abgebildet beschriftet sind.

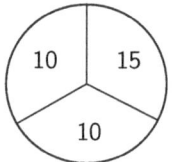

A 3.1   Lionel dreht dreimal am Glücksrad.   1 P
Geben Sie die Wahrscheinlichkeit dafür an, dass er dreimal die Zahl 10 erhält.

A 3.2   Christiane dreht nur zweimal am Glücksrad.   2 P
Bestimmen Sie die Wahrscheinlichkeit dafür, dass sie zweimal hintereinander die
gleiche Zahl erhält.

A 4.0   Der Punkt P (– 3 | 1) legt zusammen mit den Punkten Q_n für $\varphi \in [0°; 180°]$ Pfeile
$\overrightarrow{PQ_n}(\varphi) = \begin{pmatrix} 2{,}5 + \sin\varphi \\ 3 \end{pmatrix}$ fest.

A 4.1   Zeichnen Sie den Pfeil $\overrightarrow{PQ_1}$ für $\varphi = 0°$ in das Koordinatensystem ein.   1 P

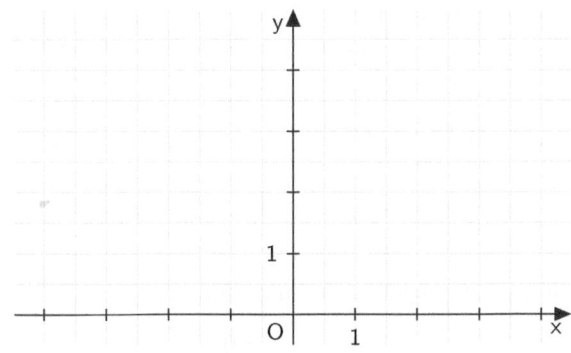

A 4.2   Für den Pfeil $\overrightarrow{PQ_2}$ gilt: $\overrightarrow{PQ_2} = \begin{pmatrix} 3 \\ 3 \end{pmatrix}$.   2 P
        Bestimmen Sie die zugehörigen Werte von φ.

A 1   Das Parallelogramm $AB_1C_1D_1$ ergibt sich für $x = 1{,}5$. Dies wird in die gegebene Form von $\overrightarrow{AB_n}(x)$ eingesetzt, um $\overrightarrow{AB_1}$ zu bestimmen:

$$\overrightarrow{AB_1} = \begin{pmatrix} 1{,}5 \\ -2 \cdot 1{,}5 + 6 \end{pmatrix} = \begin{pmatrix} 1{,}5 \\ 3 \end{pmatrix}$$

Damit ein Rechteck vorliegt, müsste bei allen vier Ecken, also auch am Punkt A ein rechter Winkel vorliegen. Damit dies gegeben ist, müsste das Skalarprodukt der beiden von A ausgehenden Pfeile gleich null sein:

$$\overrightarrow{AB_1} \odot \overrightarrow{AD} = \begin{pmatrix} 1{,}5 \\ 3 \end{pmatrix} \odot \begin{pmatrix} -6 \\ 2 \end{pmatrix} = 1{,}5 \cdot (-6) + 3 \cdot 2 = -9 + 6 = -3 \neq 0$$

Die Bedingung ist nicht erfüllt, demnach ist $AB_1C_1D_1$ **kein** Rechteck.

A 2.1   Für die Nullstelle wird $y = 0$ angesetzt und umgeformt:

$$
\begin{aligned}
y &= 0 & \\
\Rightarrow \quad 3 \cdot 2^x - 24 &= 0 & | + 24 \\
\Longleftrightarrow \quad 3 \cdot 2^x &= 24 & | : 3 \\
\Longleftrightarrow \quad 2^x &= 8 & | \log_2( ) \\
\Longleftrightarrow \quad x &= \log_2(8) & \\
\Longleftrightarrow \quad x &= 3 &
\end{aligned}
$$

Es ergibt sich die Lösungsmenge $\underline{\mathbb{L} = \{3\}}$.

A 2.2   Der Faktor $3 \cdot 2^x$ wird für negative Werte von x zunehmend kleiner, sodass gilt:

$$x \to -\infty: \quad \Rightarrow \quad y = \underbrace{3 \cdot 2^x}_{\to 0} - 24 \to -24$$

Daraus ergibt sich die Gleichung einer Asymptote zu $\underline{y = -24}$.

A 3.1   Da zwei von drei Sektoren die Zahl „10" zeigen, ist die Wahrscheinlichkeit bei einmaligem Drehen eine „10" zu drehen $\frac{2}{3}$. Für die Wahrscheinlichkeit, dreimal „10" zu drehen gilt daher:

$$P(\text{„dreimal „10""}) = \frac{2}{3} \cdot \frac{2}{3} \cdot \frac{2}{3} = \underline{\frac{8}{27}}$$

A 3.2   Bei einmaligem Drehen wird mit einer Wahrscheinlichkeit von $\frac{2}{3}$ eine „10" und mit einer Wahrscheinlichkeit von $\frac{1}{3}$ eine „15" gedreht. Damit gilt:

$$P(\text{„zweimal „10""}) = \frac{2}{3} \cdot \frac{2}{3} = \frac{4}{9} \qquad P(\text{„zweimal „15""}) = \frac{1}{3} \cdot \frac{1}{3} = \frac{1}{9}$$

Dies sind die beiden Möglichkeiten um zweimal die gleiche Zahl zu drehen, sodass gilt:

$$P(\text{„zweimal gleiche Zahl"}) = P(\text{„zweimal „10""}) + P(\text{„zweimal „15""}) = \frac{4}{9} + \frac{1}{9} = \underline{\frac{5}{9}}.$$

A 4.1   Für $\varphi = 0°$ gilt:

$$\overrightarrow{PQ_1}(0°) = \begin{pmatrix} 2{,}5 + \sin(0°) \\ 3 \end{pmatrix} = \begin{pmatrix} 2{,}5 + 0 \\ 3 \end{pmatrix} = \begin{pmatrix} 2{,}5 \\ 3 \end{pmatrix}$$

Dieser Pfeil wird vom Punkt P $(-3\,|\,1)$ aus eingezeichnet:

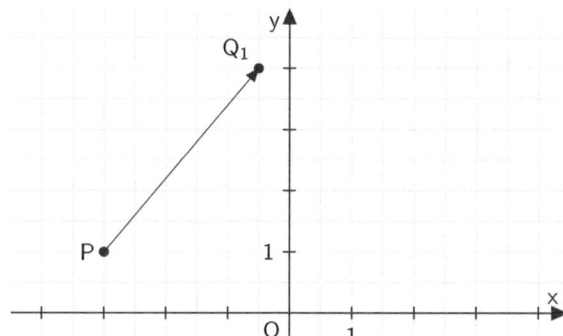

A 4.2   Die erste Koordinate von $\overrightarrow{PQ_2}$ ist gegeben zu 3, woraus aus der allgemeinen Angabe der Wert von φ berechnet werden kann:

$$2{,}5 + \sin\varphi = 3 \qquad |-2{,}5$$
$$\Longleftrightarrow \qquad \sin\varphi = 0{,}5 \qquad |\sin(\ )^{-1}$$
$$\Rightarrow \qquad \varphi = 30°$$

Wegen $\sin(180° - \varphi) = \sin\varphi$ ist auch $180° - 30° = 150°$ eine mögliche Lösung. Es ergibt sich also $\underline{\underline{\mathbb{L} = \{30°; 150°\}}}$.

B 1.0 Der Punkt A $(3\,|\,3)$ ist ist gemeinsamer Eckpunkt von gleichschenkligen Dreiecken AB_nC_n mit den Basen $\overline{B_nC_n}$. Die Eckpunkte $B_n\,(x\,|\,-x+3)$ der Dreiecke AB_nC_n liegen auf der Geraden g mit der Gleichung $y = -x + 3$ $(x, y \in \mathbb{R})$.

Es gilt: $\sphericalangle B_nAC_n = 45°$.

B 1.1 In das Koordinatensystem sind die Gerade g und das Dreieck AB_1C_1 für $x = 3$ bereits   1 P
eingezeichnet.

Ergänzen Sie das Dreieck AB_2C_2 für $x = -1$.

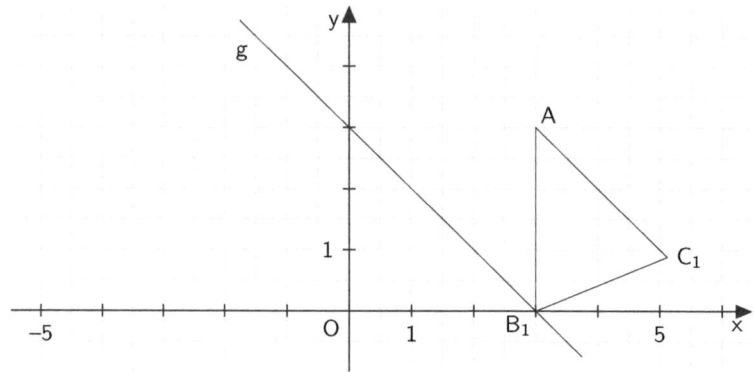

B 1.2 Berechnen Sie die Koordinaten der Punkte C_n in Abhängigkeit von der Abszisse x der   4 P
Punkte B_n. Runden Sie auf zwei Stellen nach dem Komma.

B 2.0 Von den Reservierungen in einem Restaurant erfolgen 35 % telefonisch („T"), der Rest über die Homepage („H"). Bei 18 % der telefonischen Reservierungen kommt es zu Fehlern („F"), bei Reservierungen über die Homepage liegt der Anteil der Fehler bei p % (p ∈ $\mathbb{R}^+$). Die übrigen Reservierungen erfolgen ohne Fehler („oF").

B 2.1 Zeichnen Sie ein zugehöriges Baumdiagramm, in dem die Anteile ersichtlich sind. 2,5 P

B 2.2 Erfahrungsgemäß kommt es bei 15 % aller Reservierungen zu einem Fehler. Ein zufällig 2 P ausgewählter Gast, der eine Reservierung über die Homepage vorgenommen hat, wird zur Zufriedenheit mit dem Restaurant befragt.

Berechnen Sie die Wahrscheinlichkeit p % dafür, dass es bei der Reservierung dieses Gastes zu einem Fehler kam.

B 3.0   Gegeben ist die Funktion f_1 mit der Gleichung $y = 0{,}75^{x-4} + 1$ $(x, y \in \mathbb{R})$ und die Funktion f_2 mit der Gleichung $y = 0{,}75^{x-2} - 3$ $(x, y \in \mathbb{R})$.

Runden Sie im Folgenden auf zwei Stellen nach dem Komma.

B 3.1   Geben Sie die Wertemenge von f_1 an und zeichnen Sie die Graphen zu f_1 und f_2 für   4 P
$x \in [-3; 8]$ in ein Koordinatensystem.
Für die Zeichnung: Längeneinheit 1 cm; $-3 \leq x \leq 8$; $-4 \leq y \leq 9$

B 3.2   Der Graph der Funktion f_1 kann durch Parallelverschiebung mit dem Vektor $\vec{v} = \begin{pmatrix} x_v \\ y_v \end{pmatrix}$ 1 P
auf den Graphen der Funktion f_2 abgebildet werden $(x_v, y_v \in \mathbb{R})$.
Geben Sie die Koordinaten des Vektors $\vec{v}$ an.

B 3.3   Punkte $A_n \left(x \,|\, 0{,}75^{x-4} + 1 \right)$ auf dem Graphen zu f_1 und Punkte $B_n \left(x \,|\, 0{,}75^{x-2} - 3 \right)$ 4 P
auf dem Graphen zu f_2 haben dieselbe Abszisse x. Sie sind zusammen mit Punkten C_n Eckpunkte von Dreiecken $A_n B_n C_n$.
Es gilt: $|\overline{A_n C_n}| = 5\,\text{LE}$; $\sphericalangle B_n A_n C_n = 60°$.
Zeichnen Sie das Dreieck $A_1 B_1 C_1$ für $x = -2$ und das Dreieck $A_2 B_2 C_2$ für $x = 3{,}5$ in das Koordinatensystem zu B 3.1 ein.
Berechnen Sie sodann die x-Koordinate des Punktes C_1.

B 3.4   Zeigen Sie rechnerisch, dass für die Länge der Strecken $\overline{A_n B_n}$ in Abhängigkeit von   4 P
der Abszisse x der Punkte A_n gilt:
$|\overline{A_n B_n}|(x) = (0{,}78 \cdot 0{,}75^{x-2} + 4)\,\text{LE}$.
Berechnen Sie sodann den Flächeninhalt des Dreiecks $A_1 B_1 C_1$.

B 3.5   Das Dreieck $A_3 B_3 C_3$ ist gleichschenklig mit der Basis $\overline{B_3 C_3}$.   2 P
Berechnen Sie die zugehörige x-Koordinate des Punktes A_3.

B 3.6   Begründen Sie, weshalb das Dreieck $A_3 B_3 C_3$ gleichseitig ist.   1,5 P

B 4.0   Das Trapez ABCD mit $\overline{AD} \parallel \overline{BC}$ ist die Grundfläche des Prismas ABCDEFGH mit der Höhe $\overline{AE}$ (siehe Skizze).

Es gilt: $|\overline{AB}| = 5{,}5\,\text{cm}; |\overline{AD}| = 8\,\text{cm}; \sphericalangle BAD = 90°;$
$|\overline{BC}| = 6\,\text{cm}; |\overline{AE}| = 9\,\text{cm}.$
Runden Sie im Folgenden auf zwei Stellen nach dem Komma.

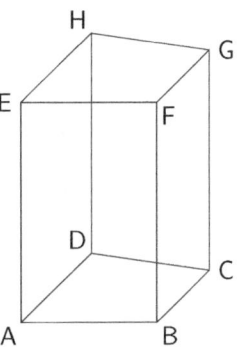

B 4.1   Zeichnen Sie das Schrägbild des Prismas ABCDEFGH und die Strecke $\overline{AF}$, wobei die Strecke $\overline{AB}$ auf der Schrägbildachse und der Punkt A links vom Punkt B liegen soll.   3 P

Für die Zeichnung gilt: $q = \dfrac{1}{2}; \omega = 45°$.

Zeigen Sie sodann, dass für das Maß des Winkels FAE gilt: $\sphericalangle FAE = 31{,}43°$

B 4.2   Punkte S_n liegen auf der Strecke $\overline{AF}$. Die Winkel AES_n haben das Maß φ mit $\varphi \in\ ]0°; 90°]$. Die Punkte S_n sind die Spitzen von Pyramiden $ABCDS_n$ mit den Höhen $\overline{S_n T_n}$. Es gilt: $T_n \in \overline{AB}$.   3,5 P

Zeichnen Sie für $\varphi = 70°$ die Strecke $\overline{ES_1}$, die Pyramide $ABCDS_1$ und die Höhe $\overline{S_1 T_1}$ in das Schrägbild zu B 4.1 ein.

Ermitteln Sie sodann rechnerisch die Länge der Strecken $\overline{AS_n}$ in Abhängigkeit von φ.

$\left[\text{Teilergebnis: } |\overline{AS_n}|(\varphi) = \dfrac{9 \cdot \sin \varphi}{\sin(\varphi + 31{,}43°)}\,\text{cm} \right]$

B 4.3   In der Pyramide $ABCDS_2$ gilt: $|\overline{AT_2}| = 3{,}5\,\text{cm}$.   3,5 P

Berechnen Sie die Länge der Strecke AS_2 sowie den zugehörigen Wert für φ.
$\left[\text{Teilergebnis: } |\overline{AS_2}| = 6{,}71\,\text{cm} \right]$

B 4.4   Zeigen Sie durch Rechnung, dass für das Volumen V der Pyramiden $ABCDS_n$ in Abhängigkeit von φ gilt: $V(\varphi) = \dfrac{98{,}56 \cdot \sin \varphi}{\sin(\varphi + 31{,}43°)}\,\text{cm}^3$.   3 P

B 4.5   Unter den Strecken $\overline{ES_n}$ hat die Strecke $\overline{ES_0}$ die minimale Länge.   3,5 P
Begründen Sie, dass für die zugehörige Belegung für φ gilt: $\varphi = 58{,}57°$.
Berechnen Sie sodann den prozentualen Anteil des Voluments der Pyramide $ABCDS_0$ am Volumen des Prismas ABCDEFGH.

B 1.1 Die Koordinaten des Eckpunktes B_2 werden für $x = -1$ berechnet:

$$B_n(x \mid -x + 3) \quad \Rightarrow \quad B_2(-1 \mid 4)$$

Damit kann $\overline{AB_2}$ eingezeichnet werden. Von dieser wird der Winkel $\sphericalangle B_2AC_2 = 45°$ abgetragen und darauf in der Länge von $\overline{AB_2}$ der Punkt C_2 markiert (da das Dreieck gleichschenklig ist). Dann kann das Dreieck AB_2C_2 komplettiert werden.

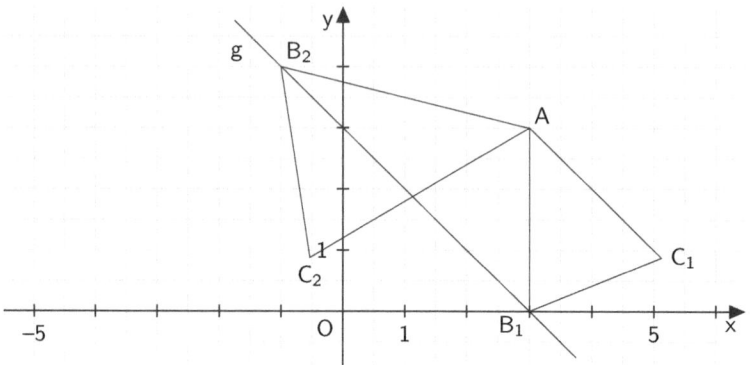

B 1.2 Die Koordinaten der Punkte C_n ergeben sich nach folgender Gleichung:

$$\overrightarrow{OC_n} = \overrightarrow{OA} \oplus \overrightarrow{AC_n}$$

Der Pfeil $\overrightarrow{AC_n}$ wird aus $\overrightarrow{AB_n}$ bestimmt.
Für diesen gilt:

$$\overrightarrow{AB_n} = \begin{pmatrix} x - 3 \\ (-x + 3) - 3 \end{pmatrix} = \begin{pmatrix} x - 3 \\ -x \end{pmatrix}$$

Der Pfeil $\overrightarrow{AC_n}$ ergibt sich durch Drehung von $\overrightarrow{AB_n}$ um den Winkel $45°$:

$$\overrightarrow{AC_n}(x) = \begin{pmatrix} \cos 45° & -\sin 45° \\ \sin 45° & \cos 45° \end{pmatrix} \odot \overrightarrow{AB_n} = \begin{pmatrix} 0{,}71 & -0{,}71 \\ 0{,}71 & 0{,}71 \end{pmatrix} \odot \begin{pmatrix} x - 3 \\ -x \end{pmatrix}$$

$$= \begin{pmatrix} 0{,}71 \cdot (x - 3) - 0{,}71 \cdot (-x) \\ 0{,}71 \cdot (x - 3) + 0{,}71 \cdot (-x) \end{pmatrix} = \begin{pmatrix} 0{,}71x - 2{,}13 + 0{,}71x \\ 0{,}71x - 2{,}13 - 0{,}71x \end{pmatrix} = \begin{pmatrix} 1{,}42x - 2{,}13 \\ -2{,}13 \end{pmatrix}$$

Damit gilt:

$$\overrightarrow{OC_n} = \overrightarrow{OA} \oplus \overrightarrow{AC_n} = \begin{pmatrix} 3 \\ 3 \end{pmatrix} \oplus \begin{pmatrix} 1{,}42x - 2{,}13 \\ -2{,}13 \end{pmatrix} = \begin{pmatrix} 1{,}42x + 0{,}87 \\ 0{,}87 \end{pmatrix}$$

Die Koordinaten ergeben sich zu $\underline{C_n(1{,}42x + 0{,}87 \mid 0{,}87)}$.

B 2.1 Im Baumdiagramm wird in der ersten Ebene zwischen telefonischer und Homepage-Reservierung unterschieden und in der zweiten Ebene danach, ob es Fehler gibt oder nicht. Die Wahrscheinlichkeiten sind aus den Angaben zu entnehmen, die des jeweils anderen Zweiges ergibt sich als Gegenereignis:

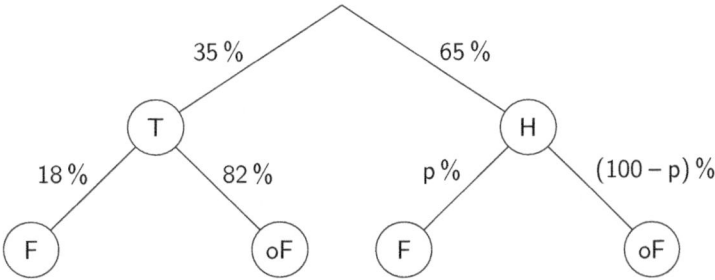

B 2.2   Unabhängig von der Reservierungsart kommt es bei 15 % zu einem Fehler. Dies entspricht der Wahrscheinlichkeit, dass eine Reservierung per Telefon erfolgte und ein Fehler auftrat plus der Wahrscheinlichkeit, dass eine Reservierung per Homepage erfolgte und ein Fehler auftrat. Gemäß der Rechenregeln im Baumdiagramm gilt damit:

$$\frac{35}{100} \cdot \frac{18}{100} + \frac{65}{100} \cdot \frac{p}{100} = \frac{15}{100}$$

$$\Longleftrightarrow \qquad \frac{630}{10000} + \frac{65p}{10000} = \frac{15}{100} \qquad | \cdot 10000$$

$$\Longleftrightarrow \qquad 630 + 65p = 1500 \qquad | - 630$$

$$\Longleftrightarrow \qquad 65p = 870 \qquad | : 65$$

$$\Longleftrightarrow \qquad p \approx 13$$

Die Wahrscheinlichkeit dafür, dass es bei der Reservierung dieses Gastes zu einem Fehler kam, liegt bei etwa <u>13 %</u>.

B 3.1   Für Exponentialfunktionen des Typs $y = a^{x-b} + c$ ergibt sich allgemein die Wertemenge $W = \{y|y > c\}$. Daraus ergibt sich die Wertemenge der Funktion $f_1 = 0{,}75^{x-4} + 1$ zu <u>$W = \{y|y > 1\}$</u>.

Zeichnung von f_1 und f_2, siehe Teilaufgabe 3.3.

B 3.2   Die Verschiebung in x-Richtung kann anhand des Exponenten abgelesen werden, da die Basis in beiden Fällen 0,75 ist. Für f_1 ist der Exponent $x - 4$ und für f_2 ist es $x - 2$. Dies kann durch eine Verschiebung um −2 in x-Richtung bewirkt werden.

Die Verschiebung in y-Richtung ergibt sich aus dem konstanten Term (in der gegebenen Funktionsgleichung jeweils der rechte Term), der sich für f_1 zu +1 und für f_2 zu −3 ergibt, also durch eine Verschiebung von −4 bewirkt wird.

Zusammenfassend ergeben sich die Koordinaten des Vektors zu $\vec{v} = \begin{pmatrix} -2 \\ -4 \end{pmatrix}$.

B 3.3   Für $x = -2$ und $x = 3{,}5$ werden durch Einsetzen die Koordinaten der Punkte A_1 und A_2 sowie B_1 und B_2 berechnet:

$$x = -2 \quad \Rightarrow \quad A_1\left(-2 \,\middle|\, 0{,}75^{-2-4} + 1\right) \approx A_1\left(-2 \,\middle|\, 6{,}62\right)$$

$$B_1\left(-2\,\middle|\,0{,}75^{-2-2}-3\right)\approx(-2\,|\,0{,}16)$$

$$x=3{,}5 \quad\Rightarrow\quad A_2\left(3{,}5\,\middle|\,0{,}75^{3{,}5-4}+1\right)\approx A_1\,(3{,}5\,|\,2{,}15)$$

$$B_2\left(3{,}5\,\middle|\,0{,}75^{3{,}5-2}-3\right)\approx(3{,}5\,|\,-2{,}35)$$

Vom Punkt B_1 bzw. B_2 kann dann der Winkel $\sphericalangle B_nA_nC_n = 60°$ abgetragen und darauf die Länge $|\overline{A_nC_n}| = 5\,\text{LE}$ gemessen und die Punkte C_1 und C_2 markiert werden.

Vollständige Zeichnung:

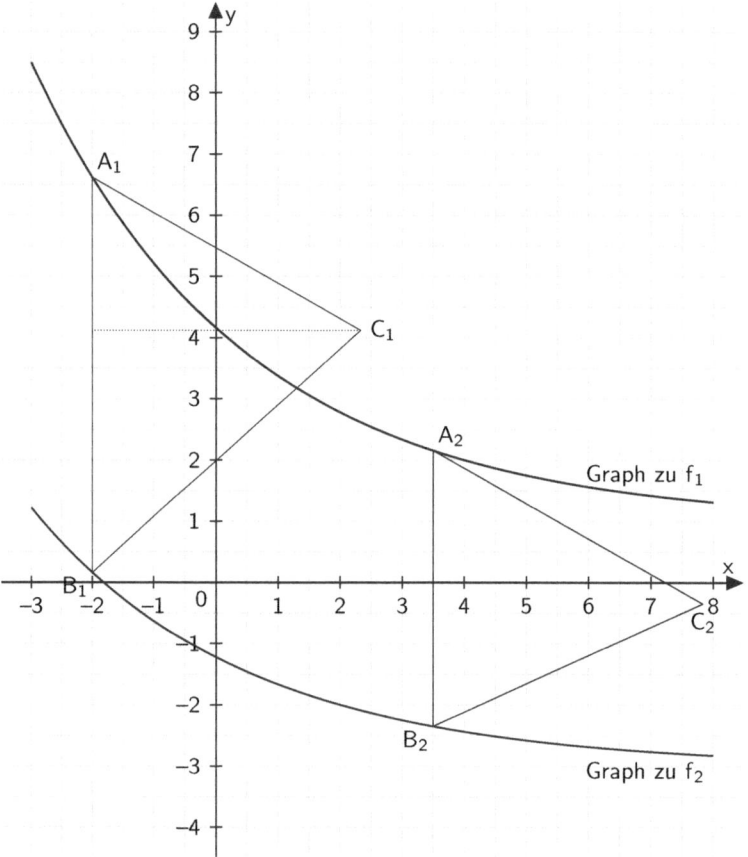

Die x-Koordinate von Punkt C kann mithilfe des Sinus berechnet werden (siehe Punktlinie in der Zeichnung).

Es gilt (Längen in LE):

$$\sin 60° = \frac{x_{C_1}-x_{A_1}}{5} \qquad\qquad \cdot\,5$$

$$\Longleftrightarrow \qquad 5\cdot\sin 60° = x_{C_1}-x_{A_1} \qquad\qquad |+x_{A_1}$$

$$\Longleftrightarrow \qquad x_{C_1} = 5\cdot\sin 60° + x_{A_1}$$

Für das Dreieck $A_1B_1C_1$ ist $x = x_{A_1} = -2$, sodass gilt:

$$x_{C_1} = 5\cdot\sin 60° + x_{A_1} = 5\cdot\sin 60° - 2 \approx \underline{\underline{2{,}33}}$$

B 3.4 Die Länge der Strecke $\overline{A_n B_n}$ ergibt sich aus der Differenz der Funktionswerte durch Umformung mithilfe der Potenzgesetze (Länge in LE):

$$|\overline{A_n B_n}|(x) = y_{A_n} - y_{B_n} = 0{,}75^{x-4} + 1 - (0{,}75^{x-2} - 3) = 0{,}75^{x-2-2} + 1 - 0{,}75^{x-2} + 3$$
$$= 0{,}75^{-2} \cdot 0{,}75^{x-2} - 0{,}75^{x-2} + 4 = (0{,}75^{-2} - 1) \cdot 0{,}75^{x-2} + 4$$
$$\approx 0{,}78 \cdot 0{,}75^{x-2} + 4$$

Es gilt: $|\overline{A_n B_n}|(x) = [0{,}78 \cdot 0{,}75^{x-2} + 4]$ LE.

Damit sind alle Größen bekannt, um die Fläche des Dreiecks zu berechnen (Vergleich Zeichnung in Teilaufgabe 3.3):

$$A_{A_1 B_1 C_1} = 0{,}5 \cdot |\overline{A_1 B_1}| \cdot |\overline{A_1 C_1}| \cdot \sin \sphericalangle B_1 A_1 C_1$$
$$= 0{,}5 \cdot [0{,}78 \cdot 0{,}75^{-2-2} + 4]\,\text{LE} \cdot 5\,\text{LE} \cdot \sin(60°)$$
$$\approx \underline{\underline{14{,}01\,\text{FE}}}$$

B 3.5 Wenn das Dreieck gleichschenklig mit Basis $\overline{B_3 C_3}$ ist, so muss $|\overline{A_3 B_3}| = |\overline{A_3 C_3}|$ gelten. Da allgemein $|\overline{A_n C_n}| = 5\,\text{LE}$ gegeben ist, gilt mit der allgemeinen Berechnungsvorschrift aus Teilaufgabe 3.4:

$$|\overline{A_3 B_3}| = 5$$
$$\Longleftrightarrow \qquad 0{,}78 \cdot 0{,}75^{x-2} + 4 = 5 \qquad\qquad | -4$$
$$\Longleftrightarrow \qquad 0{,}78 \cdot 0{,}75^{x-2} = 1 \qquad\qquad | : 0{,}78$$
$$\Longleftrightarrow \qquad 0{,}75^{x-2} = \frac{1}{0{,}78} \qquad\qquad | \log_{0{,}75}$$
$$\Longleftrightarrow \qquad x - 2 = \log_{0{,}75}\left(\frac{1}{0{,}78}\right) \qquad\qquad | +2$$
$$\Longleftrightarrow \qquad x = \log_{0{,}75}\left(\frac{1}{0{,}78}\right) + 2$$
$$\Rightarrow \qquad x \approx 1{,}14$$

Für die x-Koordinate des Punktes A_3 ergibt sich $\underline{\underline{\mathbb{L} = \{1{,}14\}}}$.

B 3.6 Der Winkel $\sphericalangle B_3 A_3 C_3 = 60°$ liegt gegenüber der Basis $\overline{B_3 C_3}$ des Dreiecks $A_3 B_3 C_3$. Da die Basiswinkel bei einem gleichschenkligen Dreieck gleich groß sind, ergibt sich für diese mittels Innenwinkelsumme des Dreiecks:

$$\sphericalangle C_3 B_3 A_3 = \sphericalangle A_3 C_3 B_3 = (180° - 60°) : 2 = 60°$$

Alle Innenwinkel des Dreiecks haben eine Größe von $60°$. Demnach ist das Dreieck gleichseitig.

B 4.1   Schrägbild des Prismas und Strecke $\overline{AF}$:

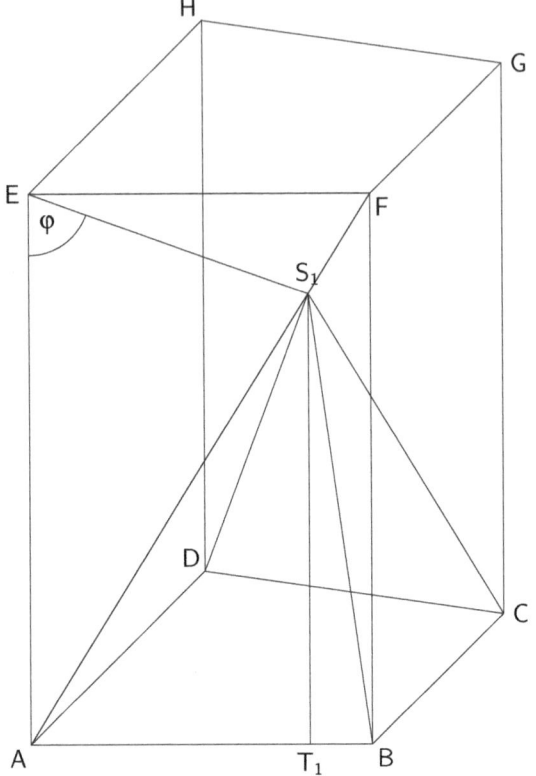

Im Dreieck AFE gilt:

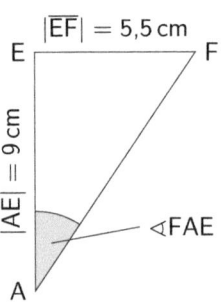

$$\tan \sphericalangle FAE = \frac{|\overline{EF}|}{|\overline{AE}|} = \frac{5,5}{9}$$

$$\Rightarrow \quad \underline{\sphericalangle FAE \approx 31,43°}$$

B 4.2   Einzeichnen von $\overline{ES_1}$, Pyramide $ABCDS_1$ und Höhe $\overline{S_1T_1}$: siehe Teilaufgabe 4.1.

Im Dreieck AS_1E in Teilaufgabe 4.1 wurde zusätzlich der Winkel φ markiert, um zu verdeutlichen, dass in diesem Dreieck anhand des Sinussatzes gilt:

$$\frac{|\overline{AS_n}|}{\sin \varphi} = \frac{|\overline{AE}|}{\sin \sphericalangle AS_nE}$$

Für den Winkel $\sphericalangle AS_nE$ gilt dabei aufgrund der Innenwinkelsumme des Dreiecks und weil $\sphericalangle S_nAE = \sphericalangle FAE$ gilt:

$$\sphericalangle AS_nE + \sphericalangle S_nAE + \varphi = 180°$$

$$\Rightarrow \qquad \sphericalangle AS_nE + \sphericalangle FAE + \varphi = 180°$$
$$\Rightarrow \qquad \sphericalangle AS_nE + 31{,}43° + \varphi = 180° \qquad\qquad |-(31{,}43° + \varphi)$$
$$\Rightarrow \qquad\qquad \sphericalangle AS_nE = 180° - (\varphi + 31{,}43°)$$

Somit gilt:

$$\frac{|\overline{AS_n}|}{\sin\varphi} = \frac{|\overline{AE}|}{\sin\sphericalangle AS_nE} \qquad\qquad |\cdot\sin\varphi$$

$$\Longleftrightarrow \qquad |\overline{AS_n}| = \frac{|\overline{AE}|\cdot\sin\varphi}{\sin(180° - (\varphi + 31{,}43°))}$$

Wegen $\sin(180° - \alpha) = \sin\alpha$ und $|\overline{AE}| = 9\,\text{cm}$ folgt:

$$|\overline{AS_n}|(\varphi) = \frac{|\overline{AE}|\cdot\sin\varphi}{\sin\sphericalangle AS_nE} = \underline{\frac{9\cdot\sin\varphi}{\sin(\varphi + 31{,}43°)}\,\text{cm}}$$

B 4.3 Die Länge $|\overline{AS_2}|$ wird im Dreieck AT_2S_2 berechnet (siehe Skizze):

$$\cos(58{,}57°) = \frac{3{,}5\,\text{cm}}{|\overline{AS_2}|} \qquad\qquad |\cdot|\overline{AS_2}|$$

$$\Longleftrightarrow \quad \cos(58{,}57°)\cdot|\overline{AS_2}| = 3{,}5\,\text{cm} \qquad\qquad |:\cos(58{,}57°)$$

$$\Longleftrightarrow \qquad\qquad |\overline{AS_2}| = \frac{3{,}5}{\cos(58{,}57°)}\,\text{cm}$$

$$\Rightarrow \qquad\qquad \underline{|\overline{AS_2}| \approx 6{,}71\,\text{cm}}$$

$\sphericalangle 90° - 31{,}43° = 58{,}57°$

$|\overline{AT_1}| = 3{,}5\,\text{cm}$

Mit der allgemeinen Berechnungsvorschrift aus Teilaufgabe 4.3 gilt:

$$|\overline{AS_n}|(\varphi) = 6{,}71\,\text{cm}$$

$$\Longleftrightarrow \qquad \frac{9\cdot\sin\varphi}{\sin(\varphi + 31{,}43°)} = 6{,}71 \qquad\qquad |:6{,}71$$

$$\Longleftrightarrow \qquad \frac{1{,}3413\cdot\sin\varphi}{\sin(\varphi + 31{,}43°)} = 1 \qquad\qquad |\cdot\sin(\varphi + 31{,}43°)$$

$$\Longleftrightarrow \qquad 1{,}3413\cdot\sin\varphi = \sin(\varphi + 31{,}43°)$$

$$\Longleftrightarrow \qquad 1{,}3413\cdot\sin\varphi = \sin\varphi\cos(31{,}43°) + \cos\varphi\sin(31{,}43°)$$

$$\Longleftrightarrow \qquad 1{,}3413\cdot\sin\varphi = 0{,}8533\sin\varphi + 0{,}5215\cos\varphi \qquad |-0{,}8533\sin\varphi$$

$$\Longleftrightarrow \qquad 0{,}488\sin\varphi = 0{,}5215\cos\varphi \qquad\qquad |:\cos\varphi$$

$$\Longleftrightarrow \qquad 0{,}488\frac{\sin\varphi}{\cos\varphi} = 0{,}5215 \qquad\qquad |:0{,}488$$

$$\Longleftrightarrow \qquad\qquad \tan\varphi = 1{,}0686$$

$$\Rightarrow \qquad\qquad \underline{\varphi \approx 46{,}90°}$$

181

B 4.4   Für das Volumen der Pyramiden gilt:

$$V = \frac{1}{3} \cdot \frac{1}{2} \cdot (|\overline{AD}| + |\overline{BC}|) \cdot |\overline{AB}| \cdot |\overline{S_n T_n}|$$

Die fehlende Größe $|\overline{S_n T_n}|$ wird im Dreieck $AT_n S_n$ berechnet (siehe Skizze in Teilaufgabe 4.3):

$$\sin(58{,}57°) = \frac{|\overline{S_n T_n}|}{|\overline{AS_n}|} \qquad\qquad | \cdot |\overline{AS_n}|$$

$$\Longleftrightarrow \qquad |\overline{S_n T_n}| = \sin(58{,}57°) \cdot |\overline{AS_n}|$$

$$\Rightarrow \qquad |\overline{S_n T_n}| = \sin(58{,}57°) \cdot \frac{9 \cdot \sin\varphi}{\sin(\varphi + 31{,}43°)} \text{ cm}$$

$$\Rightarrow \qquad |\overline{S_n T_n}| = \frac{7{,}68 \cdot \sin\varphi}{\sin(\varphi + 31{,}43°)} \text{ cm}$$

Damit können alle Längen in die Berechnungsformel des Volumens eingesetzt werden und es gilt:

$$V = \frac{1}{3} \cdot \frac{1}{2} \cdot (|\overline{AD}| + |\overline{BC}|) \cdot |\overline{AB}| \cdot |\overline{S_n T_n}|$$

$$V(\varphi) = \frac{1}{3} \cdot \frac{1}{2} \cdot (8 + 6) \cdot 5{,}5 \cdot \frac{7{,}68 \cdot \sin\varphi}{\sin(\varphi + 31{,}43°)} \text{ cm}^3$$

$$V(\varphi) = \frac{98{,}56 \cdot \sin\varphi}{\sin(\varphi + 31{,}43°)} \text{ cm}^3$$

B 4.5   Die Strecke $|\overline{ES_n}|$ wird minimal lang, wenn die Strecke senkrecht auf $\overline{AF}$ steht, sodass $\sphericalangle AS_0 E = 90°$ gilt. Mit $\sphericalangle AFE = \sphericalangle AS_0 E = 31{,}43°$ aus Teilaufgabe 4.1 gilt anhand der Innenwinkelsumme des Dreiecks:

$$\sphericalangle AS_0 E + \sphericalangle AS_0 E + \varphi = 180°$$

$$\Rightarrow \qquad 90° + 31{,}43° + \varphi = 180° \qquad | - 121{,}43°$$

$$\Rightarrow \qquad \varphi = 58{,}57°$$

Für die Strecke $\overline{ES_0}$ mit minimaler Länge ist also $\underline{\varphi = 58{,}57°}$.

Durch Einsetzen in die Berechnungsvorschrift aus Teilaufgabe 4.4 folgt:

$$V(58{,}57°) = \frac{98{,}56 \cdot \sin(58{,}57°)}{\sin(58{,}57° + 31{,}43°)} \text{ cm}^3 \approx 84{,}10 \text{ cm}^3$$

Die Größen zur Berechnung des Volumens des Prismas sind bereits alle gegeben, sodass dieses direkt berechnet werden kann:

$$V_{ABCDEFGH} = \frac{1}{2} \cdot (8 + 6) \cdot 5{,}5 \cdot 9 \text{ cm}^3 = 346{,}5 \text{ cm}^3$$

Damit kann nun der gesuchte prozentuale Anteil bestimmt werden:

$$\frac{84{,}10}{346{,}5} \cdot 100\,\% = \underline{24{,}27\,\%}$$

DEINE NEUE
LERNPLATTFORM
UNTER

https://lern.de
oder
https://realschul.guru

MSA 2024
Realschule

LASS DICH
VON UNS
Pfingsten 2024
IN MATHE, BWR
oder Deutsch/Englisch COACHEN

DIGITALES
COACHING